AFFAIRE DREYFUS : PROCÈS EN REVISION

LE Bordereau est d'Esterhazy

PAR

LOUIS FRANK

Avocat
Docteur en droit de la Faculté de Bologne
Docteur spécial de droit public de l'Université de Bruxelles
Lauréat de l'Ecole de droit de Paris

BRUXELLES
HENRI LAMERTIN
LIBRAIRE-ÉDITEUR
Rue du Marché-au-Bois, 12

1898
P.-V. STOCK, ÉDITEUR
8, 9, 10, 11, Galerie du Théâtre-Français
Palais-Royal, PARIS

LE BORDEREAU EST D'ESTERHAZY

AFFAIRE DREYFUS — PROCÈS EN REVISION

LE Bordereau est d'Esterhazy

PAR

LOUIS FRANK

Avocat
Docteur en droit de la Faculté de Bologne
Docteur spécial de droit public de l'Université de Bruxelles
Lauréat de l'Ecole de droit de Paris

BRUXELLES
HENRI LAMERTIN
LIBRAIRE-ÉDITEUR
Rue du Marché-au-Bois, 12

1898

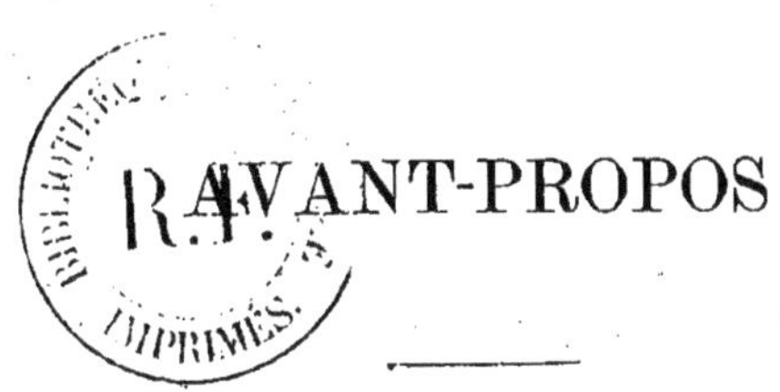

AVANT-PROPOS

Jus, Veritas, Justitia
Suprema Lex.

Il y a un an, au début de décembre 1897, un membre de la presse parisienne, qui joua un rôle assez considérable dans la publication de certaine pièce secrète contre Dreyfus, chercha à me convaincre de la culpabilité du « traître ». Il me révéla que ce qui avait surtout déterminé la conviction de l'état-major, c'était « une question d'œil, de doigté et d'impression »; qu'un procès de trahison différait essentiellement de toute autre cause et que dans une affaire de ce genre, il devait être permis de renoncer aux « formes légales » pour assurer la répression. Jusqu'alors j'avais cru Dreyfus coupable. Le langage que je venais d'entendre me fit douter. Désireux de me faire une opinion personnelle, je me mis aussitôt à étudier patiemment la question, consacrant mes loisirs à analyser le bordereau et à le comparer aux écritures de Dreyfus et d'Esterhazy. J'étais persuadé que mon travail ne serait pas inutile et qu'un jour il pourrait contribuer à la manifestation de la vérité. Quand, au lendemain de l'acquittement d'Esterhazy, Emile Zola publia son immortel « J'accuse » et fut poursuivi, je fis offrir mon mémoire à *L'Aurore*, par l'entremise de M. Georges Lorand, député de Virton. J'eusse préféré conserver l'anonymat. On jugea plus utile à Paris de me citer comme témoin. C'est ainsi que j'intervins directement au procès Zola et que, à l'audience du 15 février 1898, j'eus l'honneur d'esquisser devant le jury de la Seine, la démonstration que « le bordereau est et ne peut être que d'Esterhazy ». Ma déposition ne fut pas sans portée, paraît-il, si l'on en juge par la déclaration suivante du général de Pellieux :

« Mon intervention dans les débats a été motivée par l'état actuel du procès et surtout par l'attitude et les affirmations fantaisistes de l'avocat belge, M. Louis Frank. Nous n'avons pas, ce me semble, besoin des étrangers pour dégager la vérité dans les affaires de notre pays, dans celles surtout où la défense nationale est en jeu. J'ai tenu à ramener les choses au point. Il s'agit de l'affaire Zola et de la paternité du bordereau. Notre opinion, basée sur l'examen du bordereau lui-même, examen fait en honneur et conscience, ne saurait être balancée par des expertises faites sur l'initiative ou à la demande des intéressés, sur des pièces défectueuses, fac-similés ou copies plus ou moins exacts (1). »

Pour les hommes intelligents et de bonne foi, je n'ai pas à justifier mon intervention. La « défense nationale » n'est pas en cause. Le seul point à rechercher est de savoir lequel des deux — Dreyfus ou Esterhazy — est l'auteur du bordereau incriminé. Il s'agit d'une question d'écriture et non des secrets du quai d'Orsay ou de la rue Saint-Dominique, si tant est qu'il puisse exister encore, à notre époque, des secrets militaires ou diplomatiques. Par malheur, la question si simple du bordereau fut compliquée en raison d'une fatalité de circonstances, d'une légèreté impardonnable et de passions haineuses, qui firent du capitaine Dreyfus la victime de la plus odieuse erreur judiciaire de ce siècle. Dreyfus eut raison de le dire, dès l'instant de sa condamnation : « Mon seul crime est d'être juif. » Le journal de Drumont avait pris soin, d'ailleurs, de rendre tous les israëlites responsables du prétendu crime d'un seul : « C'est la fatalité du type et la malédiction de la race. Ce ne sont pas les juifs, c'est nous qui sommes les coupables, et ils seraient en droit de nous répondre : Pourquoi avez-vous rompu avec les traditions de vos ancêtres? Pourquoi confiez-vous un secret à ceux qui vous trahissent toujours (2)? » On sait aujourd'hui à quelle race ou plutôt à quel groupe appartiennent les traîtres et les faussaires.

Si l'affaire Dreyfus a aussi vivement ému l'opinion publique à l'étranger, si elle a douloureusement impressionné les vrais et sincères amis de la France au dehors, c'est que tous les libéraux y ont vu une éclipse, heu-

---

(1) *Intransigeant*, 19 février 1898.

(2) *Libre Parole*, 3 novembre 1894.

reusement passagère, de ce généreux esprit de droiture et d'équité, de ces traditions de justice et de progrès qui n'avaient cessé d'appartenir en propre à la glorieuse nation française.

Depuis des années, dans maintes publications, je n'ai cessé d'affirmer que la France républicaine et démocratique devait en revenir aux principes égalitaires de la Révolution, fonder son droit sur des assises nouvelles, effacer toutes les inégalités qui déparent ses codes et mettre toutes ses institutions en concordance avec la forme et les tendances de sa Constitution politique. L'affaire Dreyfus — comme l'affaire Chauvin — a prouvé l'esprit étroit, sectaire et dangereux, dont sont animés en France un trop grand nombre d'hommes investis d'une part de la puissance publique. Le mal qui en résulte est grand, non seulement pour la France, mais pour le monde. Ernest Lavisse, dans une lettre récente, a magistralement diagnostiqué le malaise : « ... Notre souffrance actuelle, écrivait le grand historien, n'est qu'une crise d'un mal constitutionnel très profond. Nous ne sommes et nous ne pouvons être qu'une démocratie, et cette démocratie est inorganisée. La plupart de nos institutions sont antérieures et contradictoires à notre état politique actuel, à notre état nécessaire; il faut les réformer pour les conformer à cet état. C'est une œuvre difficile, immense, où doivent collaborer les politiques et les penseurs. Commençons-la tout de suite. Au bout, il y aura une France nouvelle, non seulement par l'oratoire beauté des principes, mais par l'harmonie entre les mots et les choses, entre les principes et la réalité. Et cette France du siècle qui vient sera de nouveau une conductrice des peuples. » Mais pour que la France redevienne cette étincelante étoile polaire de la civilisation du monde, son peuple doit être une association d'hommes libres, indépendants et forts, sachant se conduire eux-mêmes et non se laissant mener comme un troupeau aveugle et docile, livré à une tourbe de bergers cyniques qui l'exploitent et l'égarent. L'idéal d'une démocratie — l'illustre Duclaux le signalait, — n'est pas d'abaisser ni de dompter ceux qui servent, mais d'élever ceux qui commandent, de façon que les distances restent toujours les mêmes. Si, à la vérité, l'affaire Dreyfus a laissé entrevoir quelques sombres taches qu'une obscurité sépulcrale eût dissimulées, elle a montré au monde que la France possède une élite merveilleuse, digne du commandement; elle a prouvé que le peuple français peut être trompé un jour, mais qu'il est incapable de se rendre sciemment et pour toujours le complice d'une infamie judiciaire; elle a établi encore qu'en France la liberté pour le bien triomphe des licences et des excitations malsaines; elle a fait enfin surgir ce héros incomparable, le colonel Picquart, qui par la noblesse de son caractère et la pureté de son âme s'est révélé frère de Christ. Pour la gloire de la France et le bonheur de l'humanité, il est à souhaiter que la pléiade de penseurs, d'écrivains et de politiques que la défense du droit a groupés, continuent à s'unir et à s'entendre dans une pensée de concorde et d'estime, afin de doter le monde d'œuvres et d'institutions nouvelles. Et tous, efforçons-nous d'effacer certaines préférences, d'oublier nos préjugés et de nous inspirer toujours d'une parcelle de cette flamme divine d'équité et d'altruisme qui illumina l'âme du colonel Picquart et glorifiera à jamais son nom ainsi que celui de la patrie française. Le martyre de Dreyfus et le grand exemple de Picquart seront peut-être dans l'histoire du monde la borne indicatrice d'une époque nouvelle, où la puissance des grands ne pourra plus se fonder sur l'oppression des faibles et le sacrifice des innocents; où la liberté, l'égalité et la fraternité cesseront d'être une vaine formule, gravée sur le fronton des monuments publics, mais où la force, la seule force invincible, résidera dans le maintien du droit, dans le respect de la vérité, dans le culte de la justice.

N. B. — L'expertise qui suit a été faite d'après le fac-simile du bordereau et la « lettre Deltrien », parue dans le placard intitulé : « La Clé del'affaire Dreyfus » et reproduite dans les volumes du compte rendu *in extenso* du procès Zola.

LE BORDEREAU

EST D'ESTERHAZY

I

NOTES PRÉLIMINAIRES

On confond assez généralement la « graphologie » et l'expertise en écritures. La graphologie cherche à se fonder sur les données psycho-physiologiques les plus sûres pour opérer la classification des signes généraux graphiques et déterminer le caractère de l'homme d'après son écriture (1). La graphologie est une science embryonnaire qui aspire à formuler ses lois, à élaborer sa méthode expérimentale, à déterminer sa classification et sa technique, à préciser ses modes de preuves. L'expertise en écritures, au contraire, est un art dont l'objet est d'arriver à découvrir l'auteur d'un écrit par les procédés les plus ingénieux, souvent même les plus subtils. Comme le disait fort bien le savant docteur Héricourt, le résultat du travail d'un expert ne vaut qu'autant que vaut l'expert lui-même (2). L'œuvre de l'expert n'a de valeur que s'il apporte dans ses recherches et dans ses déductions la méthode et l'esprit scientifiques, sachant qu'il peut se tromper, mais évitant avec un soin jaloux toutes les sources d'erreur. Au même titre que l'astronome, le physicien, le naturaliste et le paléographe, l'expert peut aspirer au rôle de savant, à la double condition de faire honnêtement ses recherches, sans nul parti pris, et de prendre les matériaux de sa conviction en dehors de lui-même,

(1) J. Crépieux-Jamin, *L'Écriture et le caractère*. Bibliothèque de philosophie contemporaine. Paris, Alcan, 1896.

(2) *Procès Zola*, t. II, p. 100.

en se repérant sur des éléments externes qui permettent à chacun d'éprouver la justesse de son raisonnement (1).

Le fantaisiste graphologue de salon qui se fonde sur certains traits de l'écriture pour révéler le caractère, le passé et l'avenir d'une personne, amuse et fait sourire. L' « expert officiel et juré » qui prend pour bases d'examen et de comparaison les lettres *A, P, T, S, V* et les syllables *da, dé, di, do, du,* et croit pouvoir sérieusement se servir de la formule d'identification proposée par l'anthropométromane, M. Henri Bertillon, sous la formule

92	164	199	500
1000	000	000	000

cet expert-là apparaîtra aux yeux de tout homme de bon sens comme un malheureux détraqué, bien autrement dangereux que ses infortunées victimes.

Quand, le 18 décembre 1897, pris de remords sans doute, M. Bertillon écrivit dans la *Revue scientifique* que le premier devoir des experts en écritures est de se souvenir de leur ignorance et de commencer par se méfier d'eux-mêmes, il eut raison et affirma trop tardivement un dogme à La Palice. On aurait trouvé plus loyale et plus correcte l'attitude de M. Bertillon, si, au lieu d'en donner le conseil aux autres, il eût prêché d'exemple, le 13 octobre 1894, en commençant par se méfier de lui-même. L'histoire des expertises et la chronique judiciaire ont à jamais enregistré que ce fut le monstrueux rapport de l'expert Bertillon, rapport aux conclusions irréfléchies et précipitées, rapport au schéma légendaire, qui contribua pour une très large part à arrêter et à faire condamner un malheureux innocent à une peine plus barbare que la mort elle-même.

Si la graphologie est demeurée jusqu'ici une science conjecturale, l'art de l'expert n'est guère plus parfait et ne peut donner le plus souvent que des résultats hypothétiques, conditionnels, problématiques. Sans doute, rien n'est plus délicat ni plus difficile qu'une expertise en écritures : l'expert doit, en effet, rechercher les éléments de la contrefaçon, de la simulation ou de l'imitation, les préciser, les grouper, en dépouiller l'écriture incriminée; puis, dans les résidus, il doit découvrir les idiotismes scripturaux capables de révéler l'individualité du faussaire. Que de fois des experts honnêtes, habiles même, n'en sont-ils pas arrivés soit à confondre, soit à séparer erronément les formes du déguisement ou de la simulation et les éléments personnels de l'écriture! Que de fois n'ont-ils pas couvert du sceau de l'authenticité des pièces manifestement fausses!... Que de fois encore, n'ont-ils pas proclamé faux ou falsifiés, imités ou

(1) Au sujet du raisonnement scientifique, je renvoie à l'admirable étude de M. DUCLAUX, directeur de l'Institut Pasteur : *Avant le Procès*, Revue du Palais, 1er mai 1898.

contrefaits, des documents parfaitement authentiques!... De par la grâce des experts en écritures, combien n'y a-t-il pas eu déjà de faussaires proclamés gentilshommes et de pauvres innocents déclarés bandits?...

Lorsqu'on se trouve en présence d'une écriture déguisée ou simulée (1), il est alors presqu'impossible de découvrir l'auteur de l'écrit; mais il n'en est plus de même quand il s'agit d'attribuer à une personne déterminée la paternité d'une écriture courante, naturelle, spontanée, ni déguisée, ni simulée. Dans ce cas, il suffit de disséquer avec une scrupuleuse minutie l'écriture naturelle de la pièce incriminée, d'en rechercher les éléments fondamentaux, essentiels, caractéristiques, tous les signes quantitatifs et qualitatifs; puis, de disséquer avec non moins de soin l'écriture naturelle de l'auteur désigné, d'en rechercher les traits fondamentaux, essentiels, typiques, tous les signes dominants, habituels, constants, naturels et instinctifs que le coup de plume inconscient engendre sous la suggestion machinale de la force de l'habitude. La comparaison se fait aisément et la conclusion s'impose alors d'elle-même. Si, entre deux écritures courantes, naturelles et spontanées, les formes habituelles, les traits dominants et constants, les particularités caractéristiques, les éléments naturels, instinctifs et inconscients du coup de plume font apparaître des similitudes certaines, précises, indiscutables et constantes, il ne peut y avoir de doute : en ce cas, l'identité concordante et parfaite des deux écritures naturelles ne peut avoir qu'une seule cause : l'identité et l'unité du scripteur.

Dans notre expertise, la première question qui se doive poser, est de savoir si le fameux bordereau criminel attribué au capitaine Alfred Dreyfus est d'une écriture simulée ou déguisée, ou bien d'une écriture cursive, naturelle, spontanée. Notre réponse est simple. Bien avant que le nom du commandant comte Walsin-Esterhazy ait été connu, prononcé ou même soupçonné, les meilleurs experts en écriture du monde, des hommes intègres et désintéressés, s'étaient plu à reconnaître : « que le bordereau est d'une écriture naturelle, spontanée, non-contrefaite »; « l'œuvre d'un écrivain inconnu qui a laissé les traces de sa facture personnelle »; « d'une écriture rendant bien la personnalité vraie de celui qui a tenu la plume »; « que cet écrit anonyme n'a aucun caractère fantaisiste et est incontestablement tracé d'une main courante et naturelle »; « que le bordereau a été écrit naturellement, sans hésitation et n'est pas une écriture déguisée ».

Ainsi, sans s'être vus, ni entendus, ni concertés, spontanément, les

(1) En cas de faux testament ou de falsification d'écritures, le cercle restreint des faussaires appelés à bénéficier du faux, le *cui prodest* permet de désigner parfois l'auteur présumé du faux. L'expertise sert de contrôle seulement. Au contraire, dans l'affaire Dreyfus, l'expertise précipitée d'un petit nombre d'écritures désigna erronément le capitaine Dreyfus.

experts les plus autorisés, M. Gustave Bridier, d'Issoudun; M. A. de Rougemont, de Neuchâtel (Suisse); M. Ed. de Marneffe, de la section des manuscrits de la Bibliothèque royale de Bruxelles; M. Walter de Gray-Birch, attaché au département des Manuscrits du British Museum; M. J. Holt Schooling, de l'Institut des Actuaires d'Angleterre, ont reconnu le caractère naturel et spontané de l'écriture du bordereau (1).

Puis, plus tard, dans leurs dépositions devant le jury de la Seine, les maîtres les plus réputés de l'École des Chartes, les Paul Meyer, les Molinier, les Giry, des hommes de science tels que M. Louis Havet et le Dr J. Héricourt, n'ont pas hésité à reconnaître que le bordereau était d'une écriture courante et non-simulée.

D'ailleurs, ce fameux bordereau porte en lui-même la preuve morale que l'écriture en est naturelle et spontanée, ni simulée, ni contrefaite. En effet, il n'est point signé. Comment le destinataire aurait-il pu reconnaître la provenance et constater l'authenticité de cette pièce? Pour lui, l'écriture tenait lieu de signature. En recevant le bordereau, il savait à première vue d'où émanaient et le bordereau et les documents de l'envoi. Par l'écriture seule, sans signature, M. de Schwartzkoppen pouvait aussitôt reconnaître son « homme ».

Il est donc certain que le bordereau est d'une écriture naturelle et spontanée.

Notre travail doit se borner dès lors à rechercher les traits fondamentaux, essentiels et caractéristiques de l'écriture du bordereau, à montrer les particularités du coup de plume et l'ensemble des idiotismes scripturaux.

Or, tous les traits caractéristiques, tous les signes inconscients et habituels du coup de plume, tous les idiotismes scripturaux qui constituent la bizarre originalité de l'écriture incriminée, tous ces éléments typiques se retrouvent dans l'écriture du commandant Esterhazy, dans une même et constante mesure, sous des formes identiques.

L'auteur du bordereau n'a ni songé, ni cherché à déguiser son écriture, et il ne pouvait d'ailleurs y songer. Le coup de plume, si particulier au commandant Esterhazy, se retrouve tout entier dans le bordereau, sans nulle trace de dissimulation, sans l'ombre d'altération, avec une égale uniformité et dans une absolue concordance.

C'est ce que nous avons pris à tâche de démontrer sans vaines déclamations, sans fallacieux raisonnements.

Nous montrerons l'identité des deux écritures, confirmée par l'identité du style, en nous fondant sur un faisceau de faits observés, de preuves caractéristiques, précises, certaines, concordantes, que chacun, aussi bien que nous-même, pourra voir, apprécier, vérifier et contrôler.

(1) Bernard Lazare, *Une erreur judiciaire (L'affaire Dreyfus)*. Second Mémoire, accompagné des rapports des experts. Paris, P. V. Stock, éditeur, 1897, pp. 134, 153, 154, 210, 212, 233.

II

CARACTÈRES GÉNÉRAUX

L'ASPECT DU GRAPHISME

Lorsqu'on analyse le bordereau et l'écriture de M. Esterhazy, on remarque aussitôt que les deux écritures sont essentiellement variables et fantaisistes. Esterhazy se signale par une écriture plus ou moins grosse, plus ou moins large, plus ou moins arrondie; ailleurs, l'écriture est plus petite, plus serrée, plus anguleuse. Dans le bordereau se retrouvent ces deux types différents, ce double train d'écriture, de vitesse différente.

Le graphisme d'Esterhazy révèle en outre une antithèse entre certaines de ses lettres, belles, ouvertes, harmoniques, en très petit nombre, et les autres, qui foisonnent, comprimées, étriquées, sales, rabougries et contournées. Or, le même contraste se manifeste dans le bordereau.

A un point de vue général, l'examen même superficiel des deux écritures fait apparaître une série de similitudes très caractéristiques.

« DIRECTRICE MARGINALE »

Dans le bordereau, le scripteur commence ses lignes d'une manière irrégulière. A mesure que l'alinéa se poursuit, la série des lignes prend naissance en rentrant à droite.

De même, chez Esterhazy. Si l'on trace, du haut de la page, une ligne de marge, on observe qu'Esterhazy s'éloigne progressivement de cette ligne directrice pour commencer ses lignes de plus en plus, puis de moins en moins à droite de la marge, au fur et à mesure de l'achèvement de l'alinéa.

Chez Esterhazy comme dans le bordereau, « la ligne directrice de marge » forme une courbe, à droite de la marge idéale.

Il est une autre particularité commune à Esterhazy et à l'auteur du bordereau : la courbure de leur « directrice marginale » ne présente pas toujours un même degré d'inflexion. Chez tous deux, la courbe de la marge s'accentue en raison directe soit de la lassitude du scripteur, soit de la rapidité du tracé graphique. Ainsi, à la page 3 de la lettre Deltrien, écrite par Esterhazy, la courbure de la directrice marginale est beaucoup plus prononcée qu'aux deux feuillets précédents. Il en est de même dans le bordereau où l'inflexion de la courbe est très accentuée au second feuillet (lignes 19 à 29), alors qu'elle l'est moins dans le premier.

Obliquité à gauche de la « directrice marginale » chez **Dreyfus**.

Je t'ai fait partager mon extrême douleur à toi qui souffrais déjà tant. Mais c'était parfois trop, et j'étais trop seul.

Mais aujourd'hui, chérie, comme toi, arrière toutes les plaintes, toutes les récriminations. Le but n'est pas là. Il faut que tu triomphes de toutes tes douleurs, quelles qu'elles puissent être, de toutes les souffrances, comme une âme humaine très haute et très pure, qui a un devoir sacré à remplir.

Sois invinciblement forte et vaillante, les yeux fixés droit devant toi, vers le but, sans regarder ni à droite, ni à gauche.

Ah, je sais bien, que tu n'es aussi qu'un être humain, mais quand les douleurs deviennent trop grandes, si les épreuves que l'avenir te réserve sont trop fortes, regarde nos chers enfants et dis-toi qu'il faut que tu vives

Courbe à droite de la « directrice marginale » chez Esterhazy.

[illegible] je pensai de retrouver la trace, je n'entendis
plus parler de rien. Je ne puis, pour des raisons que
vous comprendrez, vous donner par écrit les preuves et les
détails de cet odieux chantage dont j'ai été victime, mais
à mon prochain passage à Paris, je pourrai vous mettre
au courant.
Vous me parlez des héritiers de M. Belly, il est donc
mort ? Je pense que ces héritiers doivent être au
courant de toute cette histoire car il était voisin, je
crois, de cette Mme Deltreuil qui habitait dans le
haut de la rue Lafayette, et qui était à ce que j'ai tout
lieu de supposer en relations fréquentes avec elle.
Je vous serais obligé de me dire quels sont ces héritiers
quelle est leur adresse, car si comme je le pense, ils

Courbe à droite de la « directrice marginale » dans le bordereau.

on a envoyé un nombre fixe dans
les corps et ces corps en sont responsables.
chaque officier détenteur doit
remettre le sien après les manœuvres.
Si donc vous voulez y prendre ce
qui vous intéresse et le tenir
à ma disposition après, je le
prendrai. — A moins que vous ne
vouliez que je le fasse copier
in extenso et ne vous en adresse
la copie

Dans l'écriture de Dreyfus, on remarque précisément le contraire. Sa « directrice marginale » forme une ligne droite et jamais courbe, qui, toujours, oblique à gauche de la marge idéale.

Ces deux éléments de différenciation caractéristique auraient dû prémunir les experts, s'ils s'étaient donné la peine de faire une œuvre pondérée, réfléchie et consciencieuse. Cette première indication fournissait une présomption puissante établissant :

a) Que Dreyfus et l'auteur du bordereau sont deux personnalités distinctes, d'œil et de geste différents;

b) Qu'Esterhazy et l'auteur du bordereau possèdent œil et geste semblables.

FINALE DES LIGNES

L'acte d'accusation contre Dreyfus, fait à Paris, le 9 décembre 1894, par M. Besson d'Ormescheville, se fonde sur trois éléments graphiques pour attribuer le bordereau au capitaine (1). L'un de ces éléments consiste dans le « manque de coupure des mots en deux à la fin des lignes ».

Il est vrai, en effet, qu'il n'arrive pas à l'auteur du bordereau de diviser ses mots en deux tronçons, placés l'un à la fin d'une ligne, l'autre au commencement de la ligne suivante.

Il est vrai que Dreyfus a aussi l'habitude de ne jamais diviser un mot pour en reporter la finale à la ligne qui suit.

Quant à Esterhazy, il a une habitude analogue, mais de forme dissemblable.

Si Dreyfus ne coupe jamais en deux un mot qui termine une ligne, il a l'habitude constante d'écrire le mot final dans des caractères de même grandeur que les mots précédents et se borne tout simplement à laisser un blanc à la fin de la ligne.

Esterhazy, au contraire, qui ne coupe jamais ses mots, grandit, grossit et allonge les mots finals, afin de remplir le blanc, ou bien diminue progressivement le mot, l'amincit, le resserre, le « gladiole », s'il n'a à sa disposition qu'un espace restreint.

Esterhazy a donc ceci de commun avec l'auteur du bordereau : c'est que tous deux modifient la dimension des finales de lignes suivant l'espace qu'ils trouvent à leur disposition pour le tracé des derniers mots de chaque ligne.

Dreyfus, lui, agit tout autrement : il n'exagère aucune finale par un agrandissement, un allongement ou un amincissement de mots ; les finales de ses lignes sont écrites dans la même mesure que le corps du texte.

D'où il résulte que les finales de Dreyfus sont absolument différentes des finales des lignes du bordereau, tandis que les finales des lignes du bordereau sont en tous points identiques aux finales des lignes chez Esterhazy.

COMMENCEMENT DES ALINÉAS

L'auteur du bordereau ne marque pas les alinéas par le retrait du premier mot dans la ligne.

Dreyfus, au contraire, marque toujours ses alinéas par de larges retraits.

Esterhazy, comme l'auteur du bordereau, ne laisse aucun blanc au commencement de ses alinéas.

---

(1) Ces trois éléments qui ont déterminé la conviction des juges militaires, sont : 1° le « graphisme » ; 2° l'inclinaison de l'écriture ; 3° l'absence de coupure des mots à la fin des lignes.

Or, aucun de ces éléments ne pourrait avoir une importance décisive. L'angle d'inclinaison de l'écriture ne peut être un élément de preuve ; autant vaudrait déterminer la personnalité d'un homme ordinaire par la mesure de son pas.

SÉPARATION DES PHRASES

Tandis que l'auteur du bordereau ne marque par aucun blanc le commencement de ses alinéas, nous constatons par contre, aux lignes 18 et 26, qu'il sépare par un blanc exagéré deux phrases de même alinéa (respectivement 11 et 9 millimètres de séparation).

De même, chez Esterhazy, dans les écrits où le tracé est le plus étroit et le plus serré, des blancs exagérés séparent les phrases d'un même alinéa.

FIN DES MISSIVES

La fin du bordereau présente deux particularités :

a) La dernière ligne est séparée de l'avant-dernière par un interligne plus large que celui séparant les autres lignes du texte;

b) On observe un retrait du mot **Je** dans la ligne, alors qu'aucun retrait à droite ne marque les alinéas antérieurs.

Or, ces deux particularités caractéristiques ne se manifestent jamais chez Dreyfus, tandis qu'elles se rencontrent toujours chez Esterhazy :

a) Chez Esterhazy, la formule des salutations est séparée du texte précédent par un plus large interligne;

b) Un petit retrait marque toujours exceptionnellement, chez lui comme dans le bordereau, l'alinéa final.

AMPLITUDE DU TRACÉ. — JUSTIFICATION

Dans le bordereau comme chez Esterhazy, on constate une grande variabilité quant à l'amplitude du tracé graphique. Cette identique variabilité se manifeste à la fois dans la hauteur des lettres et dans la dimension des liaisons et des déliés.

A. — Hauteur des lettres.

Le bordereau contient des lettres à hastes, à boucles ou à queues ayant jusqu'à 9 millimètres d'amplitude verticale, alors que d'autres sont d'une hauteur de 2 ou 3 millimètres seulement.

De même, chez Esterhazy, à côté de lettres de grande amplitude, se remarquent des lettres à hastes, à boucles ou à queues, rabougries, ne mesurant que 2 ou 3 millimètres.

Bordereau :			*Esterhazy :*			
intéressan*ts*,	ligne	3.	tem*ps*,	p. 1,	ligne	4.
*p*lan,	»	9.	fai*b*lesse,	»	»	8.
*p*roje*t*,	»	13.	personna*g*es,	»	»	15.

B. — Justification.

La « justification » fixe le nombre moyen de lettres que chaque scripteur peut placer dans un espace donné. La « justification » qui dépend de la fréquence, de la dimension des liaisons et de l'étendue des déliés, doit nécessairement être particulière au coup de plume de chaque scripteur. Or, cette justification est extrêmement variable entre les différentes lignes du bordereau; de plus, les mêmes variations se retrouvent dans les différents écrits de M. Esterhazy.

Le bordereau comprend deux feuillets. Le recto finit à la ligne 18. Le verso commence aux mots : *en a envoyé un nombre fixe*. Les trente lignes, du bordereau forment un texte de 181 mots. Les 840 lettres de ces 181 mots couvrent un tracé graphique d'une étendue totale de 2,362 millimètres. L'espace moyen nécessaire à l'auteur du bordereau pour la formation de ses lettres est de $2._{8}$ millimètres, variant d'après les lignes entre $2._{2}$ millimètres (minimum) et $3._{6}$ millimètres (maximum). Or, en disséquant 15 lignes de l'écriture de M. Esterhazy, je constate qu'il place 632 lettres en un tracé de 1,666 millimètres, soit $2._{7}$ millimètres par lettre. Comme dans le bordereau, le minimum d'espace nécessaire est de 2 millimètres, et le maximum atteint $3._{6}$ millimètres.

L'ampleur du « geste scriptural » ou du coup de plume se trouve enfermée et enserrée dans les mêmes limites.

C. — Calcul de la justification.

Écriture du bordereau.

INDICATION DES LIGNES.	ÉTENDUE DE CHAQUE LIGNE.	NOMBRE DE LETTRES PAR LIGNE.	ESPACE NÉCESSAIRE PAR LETTRE.
	Millimètres.		Millimètres.
1re ligne.	84	30	2 8
2e »	91	36	2.5
3e »	91	42	2.2
4e »	87	30	2.9
5e »	85	33	2.6
6e »	23	11	2 1
7e »	90	34	2.6
8e »	84	40	2.1
9e »	38	14	2 7
10e »	85	31	2.8
11e »	55	25	2.2
12e »	85	29	3.0
13e »	90	25	3.6
14e »	87	34	2.6
15e »	91	31	3.0
16e »	80	30	2.7
17e »	94	32	3.0
18e »	95	29	3.3
19e »	88	25	3.5
20e »	96	37	2.6
21e »	81	27	3.0
22e »	88	33	2.7
23e »	85	26	3.3
24e »	73	25	2 9
25e »	72	24	3.0
26e »	85	24	3.5
27e »	80	25	3.2
28e »	89	26	3.0
29e »	25	8	3.0
30e »	65	24	2.7
Ensemble. . .	2 362	840	2.8

Écriture d'Esterhazy.

JUSTIFICATION

Lettre où il est question de Mme Deltrien.

INDICATION DES LIGNES.	ÉTENDUE DE CHAQUE LIGNE.	NOMBRE DE LETTRES PAR LIGNE.	ESPACE NÉCESSAIRE PAR LETTRE.
	Millimètres.		Millimètres.
1re ligne.	111	31	3.6
2e »	107	44	2 4
3e »	112	46	2 4
4e »	109	41	2.6
5e »	114	42	2.7
6e »	109	37	3.0
7e »	112	51	2.2
8e »	115	42	2.7
9e »	109	43	2.5
10e »	115	43	2.6
11e »	113	43	2.6
12e »	107	41	2.6
13e »	112	43	2.6
14e »	113	40	2.8
15e »	108	45	2.4
ENSEMBLE. . .	1.666	632	2.63

DIRECTION DE L'ÉCRITURE

A. — DIRECTION DES TRAITS.

L'écriture du bordereau et celle de M. Esterhazy ont ceci de commun, qu'elles présentent un caractère nettement *dextrogyre*. Ces deux écritures ont aussi une égale tendance *centripète*, tandis que l'écriture du capitaine Dreyfus présente, au contraire, un caractère *sinistrogyre centrifuge* prononcé.

Que faut-il entendre par ces mots d'apparence barbare?

L'observation scientifique a établi que tout homme, dans l'inconsciente spontanéité de ses gestes irréfléchis, a des directions préférées, qui se résument en quatre groupements naturels, les seuls possibles, résultant de la combinaison de nos gestes scripturaux, soit vers la droite, soit vers la gauche, soit vers le haut, soit vers le bas. L'un est *dextrogyre :* il aime à se diriger vers la droite ; dans son écriture, les courbes et les traits vers la droite sont aisés et d'une certaine ampleur. Tel autre est *sinistrogyre :* ses mouvements ont une préférence involontaire pour la gauche. Celui-ci encore est *centrifuge :* ses gestes s'écartent du corps, fuient le centre, tandis que tel autre ramène à lui tous ses mouvements : celui-là est *centripète.*

Semblable division est-elle arbitraire?... Un scripteur peut-il à sa convenance et selon son caprice, modifier la direction des traits de son écriture?...

Gaëtan Delaunay a attiré le premier, à la société de Biologie de France, l'attention sur la tendance dextrogyre ou sinistrogyre vers laquelle inclinent certaines personnes dans leur allure générale et dans quelques mouvements particuliers. Puis, le savant docteur Héricourt, chef-adjoint du laboratoire de physiologie de la Faculté de médecine à Paris, étudiant les rapports du mécanisme graphique avec la personnalité, a eu l'honneur de tracer la division des écritures en dextrogyres et sinistrogyres (1). Cette classification est simple et rationnelle; il s'agit des formes spéciales des lettres qui, dans certains cas, dirigent leurs courbes d'une façon systématique vers la droite, et, dans d'autres cas, systématiquement vers la gauche. Les mouvements d'une main qui écrit, ne sont pas d'une nature autre que les différents autres mouvements ou gestes ; ils sont la résultante d'une contraction musculaire provoquée par une excitation nerveuse, qui est en rapport direct avec le travail cérébral, c'est-à-dire avec la fonction où s'élaborent les idées, où naissent les sentiments, d'où part la volonté. Or, tous les caractères dont se sert l'écriture cursive (anglaise), résultent de la combinaison de quatre espèces de traits ou de courbes, qui, d'après leur degré de fréquence, se présentent dans cet ordre :

1° Courbes dextrogyres centrifuges ;
2° Courbes dextrogyres centripètes ;
3° Courbes sinistrogyres centripètes ;
4° Courbes sinistrogyres centrifuges.

La main normale d'un calligraphe exige une aptitude égale au mouvement circulaire des quatre variétés de traits ou de courbes. Mais, dans la réalité, chaque main est surtout apte à l'une ou l'autre espèce de ces mouvements, pour laquelle elle éprouve une prédilection marquée. De là,

(1) Dr J. Héricourt, *Note sur un caractère différentiel des écritures.* Société de psychologie-physiologique, séance du 28 février 1887, présidée par Charcot. *Revue Philosophique,* Paris, 1887, pp. 552-557.

dans chaque écriture, une série de courbes ou de traits anormaux, soit atrophiés, soit hypertrophiés. Tantôt se constate l'atténuation ou la suppression des courbes de tous les sens antipathiques à une main ; tantôt l'accentuation des traits du sens qui lui est sympathique, voire même la substitution de courbes anormales de sens irrégulier à des courbes normales de sens régulier. Dans la mesure des altérations de formes compatible avec la lisibilité de l'écriture, les organes scripteurs emploient des procédés ingénieux et inconscients pour éviter des mouvements qui leur sont pénibles et les remplacer par des mouvements auxquels ils sont particulièrement adaptés.

L'analyse des divers types de graphismes montre combien les écritures sont personnelles et caractérisées ; elles sont toujours logiques, en rapport avec la personnalité du scripteur, c'est-à-dire que toujours on y peut découvrir un mouvement personnel dans une direction donnée, quelqu'habileté qu'ait mis un scripteur à masquer son écriture ou à en imiter une autre. Le geste scriptural, comme tous nos mouvements musculaires, est soumis aux lois générales de la physiologie et de la mécanique, communes à tous les êtres de la même espèce ; mais comme tous ces mouvements, il est aussi soumis à des variations particulières, en rapport avec la qualité même du travail cérébral. Les rapports du mécanisme graphique avec la personnalité sont donc des plus étroits. La classification physiologique des écritures en sinistrogyres et dextrogyres permet de classer immédiatement les écritures, et par suite les individus, en deux catégories opposées, irréductibles l'une à l'autre, et formant deux groupes distincts, faciles à reconnaître. Une personne d'écriture dextrogyre ou sinistrogyre serait incapable de la transformer par simulation en une écriture de direction contraire, car en altérant son écriture elle est aussi impuissante à agir sur les caractéristiques foncières de son système nerveux et de sa personnalité qu'à modifier le rictus de sa bouche ou la couleur de ses yeux.

Tel est le principe physiologique absolu, incontestable.

Or, tandis que l'écriture du capitaine Dreyfus est d'un graphisme nettement centrifuge et sinistrogyre, au contraire, le graphisme du bordereau et celui d'Esterhazy sont centripètes et très dextrogyres.

Nous avons déjà constaté que le capitaine Dreyfus dirige son tracé graphique en suivant une ligne droite, obliquant à gauche de la marge idéale ; tandis que, chez Esterhazy comme dans le bordereau, le tracé graphique suit une courbe à droite.

D'autre part, le capitaine Dreyfus ne redoute jamais les courbes de gauche. Les boucles de ses **g** et de ses **j** sont remarquables par leur aisance, souvent même d'une amplitude démesurée. Chez Esterhazy, par contre, comme dans le bordereau, les courbes à gauche sont rares et rabougries. Bien plus, les écritures d'Esterhazy et du bordereau présentent au point de vue physiologique un élément commun d'identité des plus caractéristique. La main d'Esterhazy, comme celle de l'auteur du bordereau, — et à l'inverse de Dreyfus — est incapable de tracer normalement les courbes « sinistrogyres centrifuges », c'est-à-dire les boucles inférieures des lettres

g, j, s, z,

et les parties « sinistrogyres centrifuges » notamment des majuscules,

D, L.

Bien plus, la tendance dextrogyre de l'écriture d'Esterhazy et du scripteur du bordereau est si accentuée qu'on y rencontre des lettres à rebours, c'est-à-dire que les courbes normales à gauche de certaines lettres, répugnant à la main du scripteur, sont irrégulièrement transformées en courbes ou crochets à droite, mouvements réflexes résultant d'une même excitation nerveuse sympathique.

Ainsi, notamment à la ligne 18 du bordereau, la lettre **L** a une base anormale : la courbe vers la gauche y est remplacée par une courbure à droite. Dans son expertise de 1894, M. Bertillon s'est appuyé sur cette inversion du trait de **L** majuscule pour y trouver une preuve invincible de la culpabilité de Dreyfus : Dreyfus, d'après M. Bertillon, aurait fait cet **L** à rebours, pour essayer de dissimuler son écriture. Or, par malheur, ce prétendu signe de dissimulation est une caractéristique curieuse de l'écriture normale d'Esterhazy. Cette inversion caractéristique n'est point particulière à la lettre **L**. On la trouve, chez Esterhazy, dans la confection du **D** majuscule ; on la retrouve, chez Esterhazy, dans le double **s** : le second *s* se courbe profondément à droite, au lieu de suivre la direction normale opposée ; de même encore pour la lettre **z** : la direction sinistrogyre de la boucle de la lettre est remplacée par une courbure arquée vers la droite ; de même enfin pour certains **j** (notamment le *je*, 27ᵉ ligne du bordereau), où la boucle à gauche est remplacée par un petit crochet à droite.

Direction de l'écriture.

Tableau de courbes « sinistrogyres centrifuges ».

ESTERHAZY.	BORDEREAU.	DREYFUS
[illegible]	[illegible]	[illegible]
mariage indigènes personnages signature l'origine	consignes enseignements Madagascar guerre	plus grande dégringolaient
adresse adresse haute	adresse intitulé faible adresse	Embrasse aussi adressées [illegible]

Esterhazy et l'auteur du bordereau effectuent donc tous deux à rebours une série de gestes scripturaux, les courbes « sinistrogyres centrifuges » : l'impulsion dextrogyre inconsciente de leur main transforme en courbes à droite des traits qui, normalement, devraient se faire à gauche. Ces inversions si particulières, si typiques, sont des signes indélébiles d'une facture commune.

En résumé, l'examen consciencieux du bordereau et sa comparaison avec les écritures de Dreyfus et d'Esterhazy permettent d'affirmer souverainement :

1° Que, malgré certains légers caractères de ressemblance superficielle, les écritures du bordereau et de Dreyfus sont de structure inconciliable ;

2° Que physiologiquement Dreyfus est incapable d'avoir écrit le bordereau incriminé ou d'en écrire un semblable;

3° Que, au contraire, les écritures du bordereau et d'Esterhazy sont des écritures semblables, présentant dans leur ensemble et dans leurs détails les caractères les plus complets d'une analogie absolue et d'une identité parfaite.

B. — Direction des lignes.

Tout scripteur qui n'écrit point sur du papier réglé, donne au tracé de ses lignes une direction tantôt droite et horizontale, tantôt ascensionnelle, tantôt descendante; parfois, la direction des lignes est concave ou creusée; parfois encore, elle est convexe ou bombée.

Or, si l'on tient compte exclusivement des lignes entières du bordereau, en faisant abstraction des lignes que la reconstitution des morceaux déchirés a artificiellement rejointes (lignes 3, 11 à 18), on constate que sur dix-huit lignes, douze sont creusées; le centre de la ligne est plus bas que les extrémités; la déviation du tracé atteint et dépasse même la hauteur d'une petite minuscule. De même, aux lignes 25, 26 et 28 se remarque une ébauche de courbure et d'inflexion. Ainsi donc, 66 p. c. ou deux tiers des lignes du bordereau présentent une direction concave ou creusée (1).

Chez le capitaine Dreyfus, on ne pourrait parvenir à trouver dans nul autographe une seule ligne creusée; au contraire, on y rencontre des lignes nettement convexes ou bombées, tandis que si, d'autre part, on analyse les autographes de M. Esterhazy, on observe aussitôt que les lignes nettement creusées y atteignent, comme dans le bordereau, la proportion identique de 66 p. c. .

Convexité des lignes chez Dreyfus.

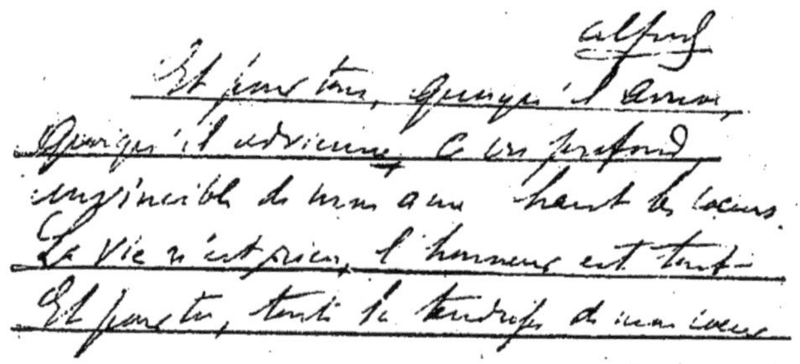

(1) Le bordereau a été écrit sur du « papier pelure quadrillé ».

Concavité des lignes chez Esterhazy.

Concavité des lignes dans le bordereau.

Que signifie cette différence de tracé? D'où provient-elle? Nous allons l'indiquer.

Le tracé des lignes d'un écrit, leur direction horizontale, ascensionnelle ou descendante, leur degré de concavité ou de convexité (1), dépend — cela est certain — de la façon dont l'œil de chaque scripteur voit. Pour tel œil amétrope, la convexité est d'aspect rectiligne dans son tracé; pour tel autre, d'amétropie différente, c'est au contraire la concavité qui donne l'impression et l'illusion de la rectitude. En effet, les lois de l'optique et les règles de l'ophtalmologie pratique nous démontrent que la façon dont chaque œil guide le tracé des lignes, dépend de la combinaison des mouvements de direction, d'adaptation, d'accommodation et de convergence. Le bras et la main ne sont que des instruments passifs mettant à exé-

(1) Il s'agit ici de la direction générale des lignes, de leur degré de concavité ou de convexité *dans la totalité de la longueur des lignes*, et non des sinuosités que peuvent présenter les différents mots épars.

cution le réflexe cérébral produit par la perception rétinienne. Il suit de là que des yeux myopes ne permettent pas d'écrire ou plutôt de diriger un tracé graphique comme des yeux hypermétropes, ou emmétropes, ou surtout astigmates. Prenons une personne dont la vision binoculaire est normale, qui est douée d'yeux dont tous les muscles moteurs sont normaux, dont la convergence et la direction relativement au papier sont normales; cette personne écrira autrement que telle autre possédant des yeux dont certains muscles moteurs sont insuffisants, ainsi qu'il arrive si fréquemment et si diversement dans l'amétropie. Les rapports de corrélation constante et intime entre la fonction visuelle et l'écriture n'ont jamais été ni signalés, ni observés; le premier, je les établis ici. Mon ami et ancien camarade d'études à Bologne, le Dr Alf. De Vriese, l'un de nos oculistes les plus réputés, a bien voulu vérifier et préciser l'observation que je lui ai indiquée. Mon savant ami se livre en ce moment à de multiples expériences pratiques et à de curieuses observations spéciales qui ne peuvent manquer d'aboutir à une synthèse concluante. En tous cas, dès maintenant nous pouvons établir :

1° Que les yeux qui ont guidé le tracé du bordereau sont de fonction et de réfraction différentes de ceux du capitaine Dreyfus; qu'il est impossible, en raison de la direction des lignes, que le bordereau ait été écrit par une personne atteinte de myopie;

2° Que les yeux de l'anonyme du bordereau sont identiques à ceux d'Esterhazy;

3° Qu'un simple examen ophtalmologique skiascopique prouvera que les yeux de Dreyfus et ceux d'Esterhazy sont totalement différents;

4° Que sous une dictée rapide sur papier non ligné, Dreyfus ne tracera jamais aucune ligne concave, mais certaines lignes convexes; tandis qu'Esterhazy, comme l'auteur du bordereau, tracera dans toute dictée deux tiers de lignes concaves ou creusées, et aucune ligne convexe.

III

FORMATION DES LETTRES

DIMENSIONS. — CARACTÉRISTIQUES

Ce qui ressort d'abord de l'analyse graphique du bordereau, c'est le caractère « sténographique » de l'écriture, qui est simplifiée quant aux traits et quant aux liaisons. La plupart des lettres y sont déformées.

Or, les mêmes déformations de lettres, le même caractère sténographique de l'écriture sont les signes de l'alphabet graphique du commandant Esterhazy.

Nous allons passer successivement en revue chacune des lettres du bordereau et d'Esterhazy, et nous en déterminerons tous les éléments d'identité. D'abord, analysons les minuscules.

A. — Minuscules.

Lettre A.

L'écriture du bordereau et celle de M. Esterhazy offrent ces éléments d'identité :

a) L'**a** initial est parfois net, clair et bien formé :

Bordereau :	*Esterhazy :*
*a*près, ligne 22.	*a*vec, page 1, ligne 1.
*a*dresse, ligne 28.	*a*gent, » » 11.

b) L'**a** médial est une lettre souvent pâteuse, fermée et informe ;

c) L'**a** isolé forme une lettre de dimension très restreinte, ayant parfois même l'aspect d'un simple accent circonflexe ;

d) Chez Esterhazy, la lettre **a** présente huit formes différentes, qui se retrouvent toutes dans le bordereau. L'**a** normal passe par une série de transformations et de dégénérescences pour aboutir à un **a** en forme d'accent circonflexe. Or, les stades successifs de la transformation de la lettre **a** se manifestent d'une manière identique à la fois dans le bordereau et chez M. Esterhazy.

BORDEREAU. ESTERHAZY.

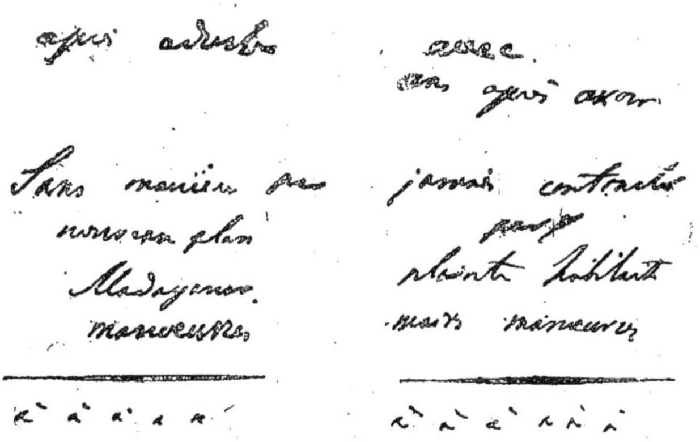

Lettre B.

Dans le bordereau et chez Esterhazy, la lettre **b** présente cet idiotisme particulier de se confondre avec la lettre **l**, sans nulle différence spécifique.

Lettre C.

Le **c** a parfois la forme d'une lettre calligraphiée, bien détaillée, faisant contraste avec les autres lettres informes.

Bordereau :	*Esterhazy :*
*c*es *c*orps, ligne 20.	ave*c*, page 1, ligne 1. *c*e moment, page 1, ligne 8.

Le plus souvent, le crochet du **c** n'est pas formé et le **c** se compose alors d'un simple trait, semblable à l'**e** ou à l'**i**.

Les D.

1° L'auteur du bordereau emploie de préférence le **d** bouclé, arrondi, avec hampe bien caractéristique, faite en coulée. Le **d** ressemble à un deleatur. Il emploie aussi, mais très rarement, le **d** droit, fait en anglaise.

Le bordereau compte 29 **d** minuscules :

27 sont bouclés,
2 sont droits, en anglaise.

2° Comme l'auteur du bordereau, Esterhazy emploie de préférence le **d** bouclé, et rarement le **d** droit anglais.

Sa première page contient un ensemble de 27 **d** minuscules :

24 sont bouclés,
3 sont droits, en anglaise.

La proportion est identique à celle du bordereau.

3° Autre particularité :

Dans le bordereau comme chez Esterhazy, les quelques **d** en anglaise sont toujours des **d** initials.

4° Le tableau suivant montre bien clairement que dans le bordereau et chez Esterhazy, la lettre **d** présente les mêmes phases d'évolution pour aboutir à une dégénérescence identique.

BORDEREAU. ESTERHAZY.

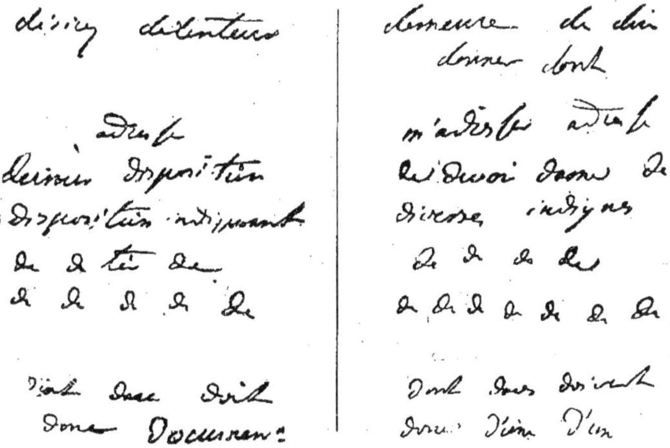

La lettre E.

Chez Esterhazy et dans le bordereau, la lettre **e** se présente sous des formes multiples : la boucle est rarement faite ; le plus souvent, les **e** sont de structure informe et offrent l'aspect du **c** ou de l'**i**.

Les F.

1° La lettre **f**, dans le bordereau et chez Esterhazy, est déformée ; on n'y remarque ni trait de départ, ni hampe supérieure bouclée, ni jambage inférieur bouclé ;

2° Le jambage inférieur de l'**f** est parfois légèrement arqué ou se termine en un trait spatulé, formant un embryon de crochet à droite.

Bordereau :	*Esterhazy* :
*f*rein, ligne 4.	*f*in, page 1, ligne 19.
*f*ormation, ligne 11.	*f*ut, » 1, » 20.
*f*asse, ligne 27.	*f*réquentes, » 3, » 19.

3° L'**f** spécial, pâteux, du mot fixe, lié par le centre à la lettre suivante (ligne 19 du bordereau), se retrouve identique chez Esterhazy (je *f*us, ligne 5, page 1).

BORDEREAU. ESTERHAZY.

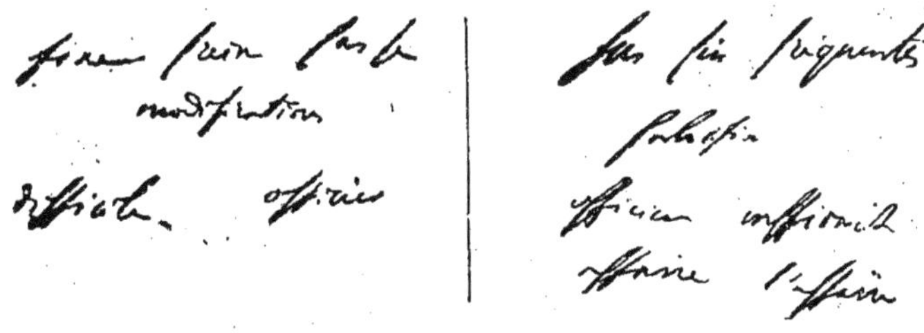

F *double.*

Dans le bordereau et chez Esterhazy, la lettre f double se signale par ces particularités identiques :

1° Le premier f a une amplitude verticale supérieure à celle du second ;

2° Le second f est rabougri et a un jambage empâté ;

3° Pour la formation de la hampe supérieure du second f, le scripteur du bordereau et Esterhazy s'arrêtent tous deux à un millimètre au-dessous du premier f.

La lettre G.

Le bordereau contient quatre g de formes différentes. Ces quatre types de g se retrouvent dans l'écriture d'Esterhazy.

A propos de ces g, voici ce qu'on observe :

1° La tête du g est ou bien informe, comme dans le mot « renseig*n*ement » (ligne 3 du bordereau), ou bien est ouverte et non bouclée ;

2° Chez l'un, le jambage est épais ; chez le troisième, le jambage est d'une courbure informe ; le quatrième g possède un jambage à boucle inachevée ;

3° Les quatre g du bordereau ne sont pas liés à la lettre suivante. Il en est de même pour la plupart des g, chez Esterhazy.

Bordereau :	*Esterhazy :*
renseig*n*ements, ligne 3.	indi*g*nes, page 1, ligne 9.
Mada*g*ascar, ligne 12.	maria*g*e, page 1, ligne 4.
campa*g*ne, ligne 14.	personna*g*es, page 1, ligne 15.
*g*uerre, ligne 18.	chanta*g*e, page 3, ligne 11.
	ori*g*ines, page 3, ligne 4.

La lettre H

Le bordereau ne contient qu'un seul h initial.

La hampe est faite d'un bâton non bouclé, de forme lourde et inégale ; elle a 7 millimètres d'amplitude verticale.

Chez Esterhazy, les h sont de forme inégale ; la haste, non bouclée, a une amplitude verticale variant entre 5 et 8 millimètres.

La lettre I.

Dans le bordereau et chez Esterhazy, les i se signalent ainsi :

1° Ils sont de formes diverses, se composant souvent du trait sans délié ;

2° L'i est parfois atrophié, presqu'imperceptible.

Bordereau :			*Esterhazy :*			
*i*ndiquant,	ligne	1	expl*i*cations,	p. 1,	ligne	3
modif*i*cations,	»	8	cons*i*dération,	»	»	7
off*i*cier,	»	21	fals*i*fia,	»	»	10
*i*ntéresse,	»	24	a*i*,	»	»	16
			a*i*sé,	»	»	17

Les J.

Les **j** du bordereau et de l'écriture du commandant Esterhazy présentent ces éléments caractéristiques d'identité :

a) L'amplitude verticale des **j** varie entre 4 et 8 millimètres ;

b) On remarque presque toujours un point sur le **j**, placé à 1 ou 2 millimètres, à droite, dans l'axe d'inclinaison de la lettre ;

c) Le **j** n'est jamais uni à la lettre suivante ;

d) Le **j** est formé d'un simple trait, oblique à gauche ;

e) Dans le bordereau, sur 6 **j** employés, 5 sont sans boucle. Un seul est à boucle : le **j** du mot *jours* (18e ligne), qui mesure 8 millimètres d'amplitude verticale ;

f) De même, dans une lettre d'Esterhazy, sur 34 **j**, 32 consistent en un simple trait oblique à gauche, sans boucle. Sur les 34 **j** employés, 2 sont à boucle, précisément les **j** du même mot *jours* (page 2, lignes 9 et 10). Et, coïncidence nouvelle, ce **j** à boucle inusitée, mesure précisément aussi 8 millimètres d'amplitude verticale, comme le **j** du mot *jours* dans le bordereau.

BORDEREAU. ESTERHAZY.

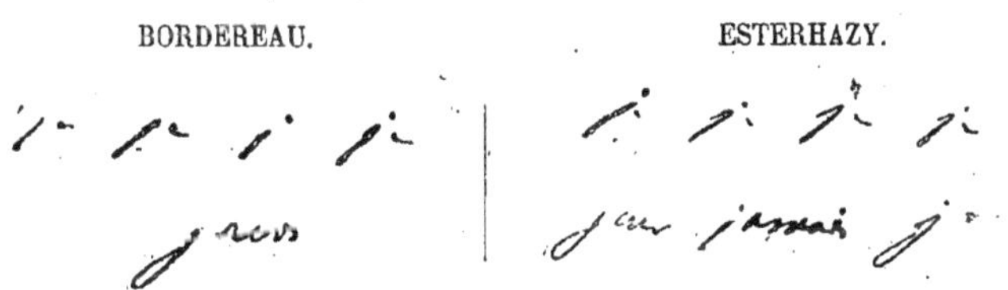

La lettre L.

Dans le bordereau et chez Esterhazy, la lettre **l** présente ces signes d'identité :

1° La lettre **l** est informe et pâteuse ;

2° Le trait de départ fait défaut ;

3° La hampe n'est point bouclée ;

4° La généralité des **l** a une amplitude verticale variant entre 3 et 6 1/2 millimètres ;

5° Précédant ou suivant la lettre **t**, la lettre **l** est barrée

La lettre M.

Une analyse même rapide du bordereau et de l'écriture d'Esterhazy permet de faire immédiatement ces constatations d'identité :

1° De toutes les lettres du bordereau et d'Esterhazy, la lettre **m** est celle qui, dans la généralité des cas, présente la forme la plus calligraphique;

2° Les jambages sont aigus et égaux ;

3° Le trait de départ fait défaut;

4° Les mouvements centripètes sont nettement accentués.

La lettre N.

Dans le bordereau et chez Esterhazy, la lettre **n** a généralement sa forme calligraphique. La combinaison bien particulière des traits centripètes et des mouvements dextrogyres a pour effet de transformer la lettre **n** en un **x**. C'est un idiotisme scriptural des plus caractéristique, qui identifie l'écriture d'Esterhazy et celle du scripteur du bordereau.

Bordereau :			*Esterhazy :*			
respo*n*sables,	ligne	20	do*nn*er,	p. 1,	ligne	3
te*n*ir,	»	24	mo*n*,	»	»	4
			*n*ettes,	»	»	5
			certai*n*e,	»	»	6
			gra*n*de,	»	»	8
			ma*n*œuvres,	»	»	9

BORDEREAU. ESTERHAZY.

La lettre O.

L'**o** médial et final se présente, dans le bordereau et chez Esterhazy, sous ces diverses formes :

a) Parfois bien formé, mais légèrement ouvert à la partie supérieure ;

b) Parfois tout petit et empâté ;

c) Souvent, sous la forme d'un **v**;

d) Parfois, mais rarement, sous un aspect si informe que la lettre **o** ne peut plus se reconnaître, ni être caractérisée.

Voyez bordereau, le mot *apportées* (ligne 8). Comparez à l'**o** de *position*, Esterhazy, page 1, ligne 7.

BORDEREAU.	ESTERHAZY.

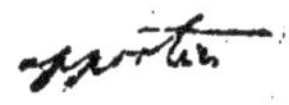

La lettre P.

Dans le bordereau et chez Esterhazy, la lettre **p**, de dimensions très diverses, se signale par ces traits d'identité :

a) Les **p** sont de forme dextrogyre ;

b) Ils n'ont pas de trait initial appréciable ;

c) La hampe forme parfois un trait spatulé ;

d) Le jambage est souvent empâté et ne s'élève pas au-dessus du niveau de la hampe ;

e) En cas de **p** double, la hampe du second est légèrement moindre que celle du premier ;

f) La généralité des hampes du **p**, dans le bordereau comme chez Esterhazy, présentent une amplitude verticale variant entre 3 et 7 millimètres.

BORDEREAU.	ESTERHAZY.

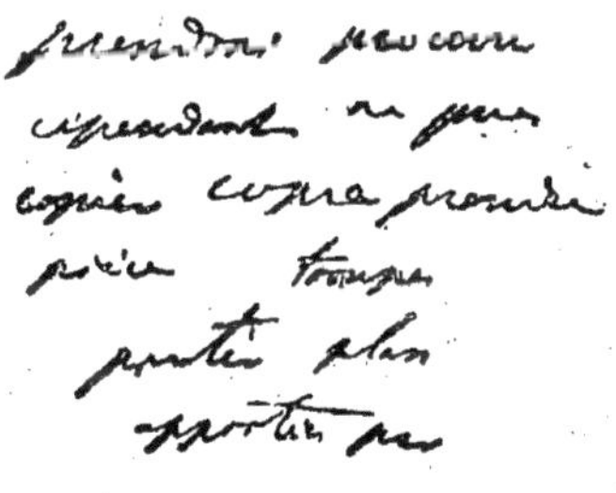

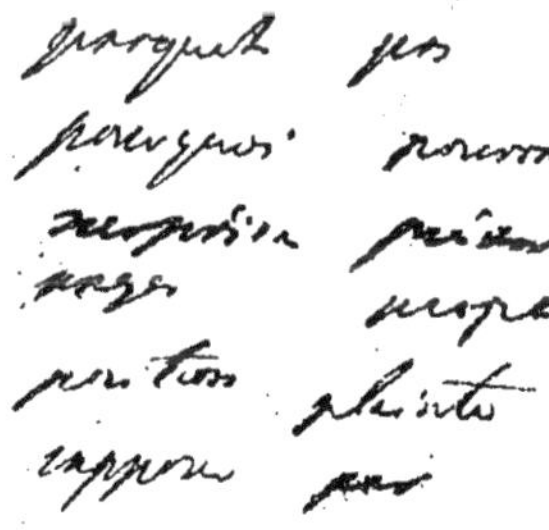

La lettre Q.

La lettre **q**, dans le bordereau et chez Esterhazy, offre ces éléments de similitude :

1° Les têtes ne sont pas bouclées et ont parfois la forme d'un **o** ouvert ;

2° Dans le bordereau, sur 12 **q**, dans 11 cas, un trait de retour unit le **q** à la lettre suivante ; dans un seul cas, le **q** est séparé de la lettre qui suit et se termine par un crochet à droite ;

3° Chez Esterhazy, sur 45 **q** employés, dans 41 cas, on remarque la liaison du **q** à la lettre suivante par un trait de retour à base souvent anguleuse, parfois arrondie; dans 4 cas sur 45, le jambage du **q** se termine par un crochet à droite;

BORDEREAU. ESTERHAZY.

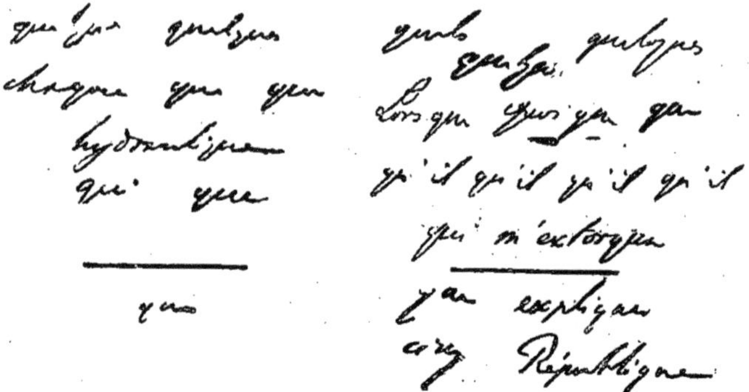

4° La proportion de ces **q** à crochet, séparés de la lettre suivante :

$$1 : 12 = 4 : 45$$

prouve une fois de plus l'identité du scripteur.

La lettre R.

L'identité de la lettre **r**, dans le bordereau et chez Esterhazy, se remarque à ces signes :

1° L' **r** initial et médial est généralement informe;

2° Il se confond avec la lettre **i** ou **e**;

3° L' **r** en forme d' **i**, présente chez Esterhazy et dans le bordereau une inclinaison différente de celle de la lettre précédente;

4° L' **r** final est minuscule, tout petit, en forme de **v** typographique.

La lettre S.

Le bordereau et l'écriture d'Esterhazy manifestent leur identité dans la formation particulière et commune de la lettre **s**.

1° L' **s** initial et médial n'est jamais nettement sinistrogyre;

2° Le crochet inférieur de la lettre fait presque toujours défaut;

3° L' **s** se confond avec la lettre **i**.

Bordereau :	*Esterhazy:*
*s*e procurer, ligne 16.	surpri*s*e, page 1, ligne 1.
	*s*uivirent, » » 4.

4° L' **s** final a :
ou bien la forme d'un petit trait centripète;
ou bien la forme d'un minime crochet à gauche;
5° L' **s** final est toujours d'un niveau inférieur à celui de la lettre précédente.

Double S.

Le bordereau renferme cinq exemples d'un **s** redoublé :
1° adresse (2e ligne);
2° intéressants (3e ligne);
3° intéresse (24e ligne);
4° fasse (27e ligne);
5° adresse (28e ligne).

Le premier **s** est petit, suivi d'un **s** allemand. Le second **s** forme une hampe, qui s'élève au-dessus de la ligne; la partie inférieure de la lettre se courbe à droite pour former avec la lettre suivante une sorte de **b** allongé, quand la liaison existe.

Habituellement, les personnes qui tracent ainsi *ſs* le double **s**, font précéder la grande lettre; de plus, la boucle inférieure est « sinistrogyre centrifuge ». C'est ainsi que Dreyfus trace son **ss**. Dans le bordereau, la forme du double **s** est absolument l'opposite :
a) Le petit **s** précède;
b) La boucle inférieure « sinistrogyre centrifuge » est transformée en une courbe dextrogyre.

BORDEREAU.	ESTERHAZY.

M. H. Bertillon a cru voir dans cette déformation un essai de dissimulation de la part de Dreyfus. Par malheur, cet idiotisme scriptural si typique du bordereau, loin d'être un signe de dissimulation de la part de Dreyfus, est une particularité caractéristique de l'écriture d'Esterhazy, qui a une impulsion physiologique et une tendance instinctive à remplacer tous les traits sinistrogyres centrifuges par des courbes nettement dextrogyres.

Les T.

L'analyse de la lettre **t** nous amène à grouper l'ensemble de nos observations en ces cinq paragraphes :

1. — Forme et dimension de la lettre T.

a) Dans le bordereau et chez Esterhazy, le **t** initial et médial se compose d'un trait, sans filet de départ; souvent le trait manque de délié et n'est pas rattaché à la lettre suivante ;

b) Le **t** final se présente sous des formes diverses ; il se termine parfois à la base par un appendice légèrement arqué, mesurant jusqu'à 6 millimètres d'amplitude :

Bordereau :			*Esterhazy :*		
cependan*t*	(ligne 2),	3 1/2 mill.	commen*t*	(p. 2, ligne 2),	3 mill.
extrêmemen*t*	(» 15),	6 »	e*t*	(» 2, » 3),	6 »
			furen*t*	(» 2, » 3),	5 1/2 »

c) Dans le double **t**, le premier consiste en un simple trait isolé, sans délié et sans attache au second; le premier est plus accentué que le second ; le second **t**, uni à la lettre suivante, a la forme d'un **b**.

BORDEREAU. ESTERHAZY.

d) Dans le bordereau et chez Esterhazy, on constate une grande variabilité dans la dimension du **t**; la masse des **t** d'Esterhazy et du bordereau ont une amplitude variant entre 3 et 6 1/2 millimètres.

2. — Forme et dimension de la barre.

a) Dans le bordereau et chez Esterhazy, la barre du **t** est droite, horizontale, jamais ascensionnelle ni descendante ;

b) Dans le bordereau comme chez Esterhazy, la barre du **t** est de dimensions irrégulières, variant entre 2 et 10 1/2 millimètres.

Longueur des barres des T.

Bordereau :	*Esterhazy :*
4, 6, 8, 4, 7, 10 1/2, 6, 7, 5, 2, etc.	7, 4, 6, 5, 6, 7, 5 1/2, 7, 2, 5, 4, 8 1/2, 9, etc., 10 1/2.

3. — ALTERNANCE ET PROPORTION DES T BARRÉS ET DES T NON BARRÉS.

a) Chez l'auteur du bordereau on aperçoit une habitude machinale de barrer une partie des **t** et de n'en point barrer une autre.

Ainsi, dans le bordereau, sur 47 **t** employés, 32 sont barrés, 15 ne le sont point.

b) De même, on constate chez Esterhazy une identique habitude machinale de barrer une partie des **t** et de n'en point barrer une autre.

Ainsi, dans une lettre d'Esterhazy, sur 201 **t** employés, 130 sont barrés; 71 ne le sont point.

c) Si l'on compare la proportion des **t** barrés et des **t** non barrés, on remarque qu'elle est identique dans le bordereau et chez Esterhazy.

Proportion des barres de T.

	Proportion pour cent.	
	T BARRÉS.	T NON BARRÉS.
Esterhazy	65	35
Bordereau	68	32

4. — LES T FINALS.

Il aurait pu se faire, par un hasard diabolique, que la proportion précédente fût fortuite et résultât d'une simple coïncidence. Il n'en est rien, car notre première proportion va se vérifier par une seconde.

Alors que, dans le bordereau et chez Esterhazy, les **t** barrés sont dans la proportion de deux tiers, et les **t** dépourvus de barre dans la proportion d'un tiers seulement, on observe, au contraire, que pour les **t** finals, la proportion est renversée : trois quarts des **t** sont sans barre, tandis qu'un quart seulement se trouve barré.

Dans le bordereau, sur 16 **t** finals, 12 sont privés de barre et 4 sont barrés; soit

75 p. c. de **t** finals non barrés,
25 p. c. de **t** finals barrés.

Chez Esterhazy, sur 88 **t** finals, 66 sont dépourvus de barre, tandis que 22 sont barrés; soit

75 p. c. de **t** finals non barrés,
25 p. c. de **t** finals barrés,

proportion identique à celle du bordereau.

Conclusion : unité de scripteur.

5. — Particularité spécifique de la barre.

Un dernier idiotisme scriptural, relatif à la barre du **t**, tend à confondre l'écriture du bordereau et celle d'Esterhazy.

L'auteur du bordereau et Esterhazy ne se contentent pas de placer sur le **t** une barre horizontale ; ils se distinguent tous deux par la fantaisie d'étendre cette barre aux lettres à boucle précédant ou suivant le **t**.

Bordereau :	*Esterhazy :*
artillerie, ligne 11.	lettre, page 1, ligne 2.
artillerie, » 14.	inutile, » 1, » 14.
	révoltais, » 1, » 19.
	relations, » 3, » 19.

Conclusion : identité de scripteur.

La lettre U.

a) Dans le bordereau comme chez Esterhazy, la lettre **u** présente avec les lettres **m** et **n** la particularité d'être généralement d'une facture plus calligraphique, plus nette et plus pure que les autres éléments du graphisme ;

b) Le trait de départ fait défaut ;

c) Le pronom personnel *vous* offre l'exemple d'une déformation particulière de la lette **u**.

Bordereau :	*Esterhazy :*
V*ous*, lignes 23, 24, 26.	Vo*us*, page 1, lignes 2, 3.
	» » 3, ligne 10.

La lettre V.

Chez Esterhazy et dans le bordereau, le **v** se distingue par ces signes particuliers :

a) Le trait de départ fait toujours défaut ;

b) Dans plus des deux tiers des **v**, la base de la lettre est de forme bien arrondie.

La lettre X.

Dans le bordereau et chez Esterhazy, la lettre **x** présente l'analogie de se confondre avec la lettre **n.** Cette confusion, qui résulte de la combinaison imparfaite d'un mouvement dextrogyre et d'un trait centripète, constitue un idiotisme scriptural bien caractéristique.

Bordereau :		*Esterhazy :*		
au*x*,	ligne 10.	e*x*pliquerais,	page 3,	ligne 5.
fi*x*e,	» 19.	odieu*x*,	» 3,	» 11.
e*x*tenso,	» 28.	eu*x*,	» 3,	» 19.

BORDEREAU. ESTERHAZY.

La lettre Y.

La lettre **y**, dans le bordereau et chez Esterhazy, se présente sous ces deux formes :

1° Soit comme lettre sinistrogyre avec trait de retour onduleux et bien accentué ;

Bordereau :		*Esterhazy :*
h*y*draulique,	ligne 4.	Bell*y*, page 1, ligne 13.
y prendre,	» 23.	

2° Soit comme lettre de forme dextrogyre sans nul élément sinistrogyre.

Bordereau :	*Esterhazy :*
envo*y*é, ligne 19.	pa*y*er, page 1, ligne 19.

La lettre Z.

Chez Esterhazy et dans le bordereau, s'observe la même déformation de la lettre : le **z** final n'a aucun caractère calligraphique ; il est toujours de forme dextrogyre. Un léger crochet à droite termine le jambage inférieur qui est plus étendu que les jambages de toutes les autres lettres et atteint jusqu'à 8 millimètres d'amplitude.

B. — Majuscules.

Les majuscules du bordereau et celles de l'écriture d'Esterhazy présentent ces éléments de similitude :

1° Les huit majuscules employées dans le bordereau ont une amplitude verticale variant entre 5 et 11 millimètres.

La lettre d'Esterhazy que nous avons disséquée, comprend 32 majuscules, dont 30 ont une amplitude variant entre 5 et 11 1/2 millimètres ; deux majuscules seulement ont une amplitude supérieure ;

2° Quant à la lettre **A** majuscule, l'identité des écritures du bordereau et d'Esterhazy se remarque à ces traits :

a) L'**A** majuscule du bordereau, comme celui d'Esterhazy, a la forme d'un simple **a** minuscule ;

b) L'**A** majuscule, chez Esterhazy et dans le bordereau, est revêtu de l'accent grave.

3° La majuscule **C** est de forme identique dans le bordereau et chez Esterhazy.

Bordereau :	*Esterhazy* :
*C*e, ligne 15.	*C*ette, page 1, ligne 9.

4° La majuscule **J** offre, chez Esterhazy et dans le bordereau, ces signes d'identité :

a) La tête du **J** majuscule est haute ;

b) La haste supérieure est ornée d'un crochet à gauche, ayant une ouverture de 2 à 3 millimètres ;

c) Le trait descend sous la ligne ;

d) La boucle du jambage inférieur est inachevée ou remplacée par un trait empâté ;

e) Le **J** majuscule n'est pas uni à la lettre suivante.

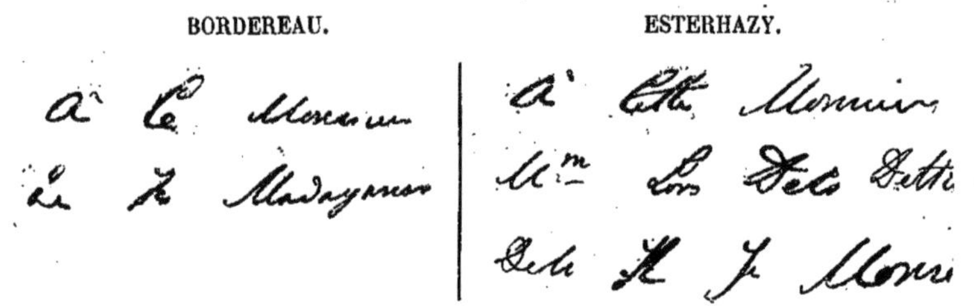

BORDEREAU.	ESTERHAZY.

5° La majuscule **L** dans le bordereau a une base anormale : une courbure à droite y remplace la courbe régulière à gauche. D'après M. Bertillon, cette inversion de la base de la lettre **L** aurait constitué de la part de Dreyfus un élément de dissimulation de son écriture. Or, si Dreyfus avait pu écrire le bordereau et avoir eu réellement l'intention de cacher son individualité et de dissimuler sa facture personnelle, il aurait eu recours sans nul doute à des procédés de dissimulation bien plus perfectionnés qu'une « inversion » invraisemblable de la base d'une majuscule. Ainsi que nous l'avons vu, en étudiant la direction de l'écriture, ce prétendu « signe de dissimulation » est une caractéristique de l'écriture normale d'Esterhazy. Cette inversion se retrouve chez Esterhazy non seulement dans la lettre

L, mais dans une série d'autres lettres, notamment dans le tracé du **D** majuscule, et dans toutes les lettres à courbes « sinistrogyres centrifuges ».

6° De toutes les lettres du bordereau, l'**M** majuscule est la plus calligraphique et la mieux formée ; le point et le trait de départ sont bien prononcés ; enfin, le second jambage est d'un millimètre inférieur au premier.

On retrouve dans les **M** majuscules d'Esterhazy les quatre mêmes particularités : lettre calligraphiée, la mieux formée de tout l'alphabet, le trait de départ nettement marqué, infériorité du second jambage.

7° La majuscule **S** présente une même déformation des traits sinistrogyres.

Bordereau :	*Esterhazy :*
*S*i, ligne 23.	*S*ur, page 2, ligne 16.

C. — L'accentuation.

Entre le bordereau et l'écriture d'Esterhazy, se remarquent, quant à l'accentuation, les particularités suivantes, signes d'identité.

La lettre I.

1° Les **i** sont diversement pointés. Le point est généralement très prononcé, parfois même lourd.

2° On trouve dans le bordereau un **i** triplement pointé ; plus loin, un **i** couvert de deux points.

De même, chez Esterhazy, on remarque au mot « affaire » un **i** doublement pointé :

Bordereau :	*Esterhazy :*
Man*i*ère, ligne 5.	Affa*i*re, page 3, ligne 4.
Dispos*i*tion, ligne 17.	

3° Dans les mots se terminant en **ion**, le point est placé sur l'**o** ou sur l'**n**, dans le bordereau comme chez Esterhazy.

4° Le point, au lieu d'être posé sur la lettre même, se trouve parfois, très exceptionnellement, entre l'**i** et la lettre suivante :

Bordereau :	*Esterhazy :*
I-ntéresse, ligne 24.	plus*i*-eurs, page 1, ligne 18.
Voul*i*-ez, ligne 27.	b*i*-llet, page 1, ligne 20.

5° Parfois, on remarque une élision de l'**i** au profit du point, chez Esterhazy comme dans le bordereau.

Bordereau :	*Esterhazy :*
hydraul*i*que, ligne 4.	su*i*virent, page 1, ligne 4.
off*i*cier, ligne 21.	ains*i*, page 1, ligne 16.
	pla*i*nte, page 4, ligne 5.

6° On trouve dans le bordereau un i où le point est placé *avant* la lettre.

On remarque chez Esterhazy la même extraordinaire fantaisie.

Bordereau :	*Esterhazy :*
relat*i*ve, ligne 12.	Mons*i*eur, page 2, ligne 16.

7° Enfin, le bordereau et l'écriture d'Esterhazy offrent encore ce signe d'identité : le point est très souvent uni à la lettre suivante.

Le J.

Le scripteur du bordereau et Esterhazy ont, tous deux, l'habitude identique de placer toujours un point sur la lettre j.

Les accents.

1° L'accent aigu est moins nettement prononcé que l'accent grave, en raison du caractère dextrogyre de l'écriture d'Esterhazy et de l'auteur du bordereau ;

2° Dans le bordereau et chez Esterhazy, l'accent circonflexe présente une identique difformité : il a la forme de l'accent grave.

Bordereau :	*Esterhazy :*
Extrêmement, ligne 15.	dû, page 1, ligne 16.
	être, page 2, ligne 3.
	être, page 2, ligne 7.
	théâtre, page 2, ligne 9.
	refusât, page 2, ligne 19.
	prêter, page 2, ligne 19.
	touchât, page 2, ligne 20.

L'A *accent grave.*

1° Dans le bordereau, le scripteur a employé 5 prépositions à. L'accent ne fait défaut que sur une seule.

De même, chez Esterhazy, la préposition à n'est jamais dépourvue d'accent.

2° L'auteur du bordereau et Esterhazy se signalent par une identique irrégularité : ils placent tous deux l'accent grave sur l'**A** majuscule.

Bordereau :	*Esterhazy :*
A moins, ligne 26.	A l'époque, page 1, ligne 3.

IV

FORMATION DES MOTS

En étudiant les éléments constitutifs de la formation des lettres chez Esterhazy et chez l'auteur du bordereau, nous avons été amené à conclure à une identité parfaite. Nous avons maintenant à étudier la formation des mots.

Pour juger de l'authenticité d'une écriture, trois éléments particuliers peuvent fournir des indices précieux : d'abord, la façon dont le scripteur commence ses mots; puis, le mode d'union et de combinaison des lettres de son alphabet en vue de la formation d'un mot; enfin, la manière dont il termine ses finales.

En effet, la force de l'habitude soumet l'écrivain à d'innombrables petits « gestes » irréfléchis et involontaires, qui se manifestent aux initiales et aux finales, quand la plume, sous l'action inconsciente de la main, quitte le papier, soit pour achever un tronçon de mot, soit pour commencer un mot nouveau. L'action de la plume produit alors des particularités individuelles, inconscientes et habituelles, qui peuvent échapper au contrôle d'un expert peu sagace, mais qui n'en sont pas moins manifestes à l'œil diligent d'un observateur scrupuleux. Ce sont ces particularités délicates qui peuvent le mieux permettre de retrouver l'auteur d'un écrit, car c'est surtout par ces « gestes » minuscules et inconscients que, même sous le déguisement d'une écriture simulée ou contrefaite, le faussaire trahit et révèle inconsciemment sa personnalité. Notre tâche sera ici d'autant plus aisée que l'auteur du bordereau n'a pas cherché à dissimuler sa personnalité et n'a en rien altéré son écriture courante et naturelle.

INITIALES

Dans le bordereau et chez Esterhazy, les initiales **f, l, p, s, t, v** sont dépourvues d'un trait de départ précis. Cette particularité résulte d'une identique direction de la main qui est nettement centripète. Ce signe d'identité manifeste est des plus précieux à enregistrer.

LIAISON DES LETTRES

Les particularités des liaisons, dans le bordereau et chez Esterhazy, s'offrent à nos yeux sous ces trois aspects :

Nous constatons en premier lieu de l'incohérence dans la formation des mots. L'inhibition supérieure à la dynamogénie se traduit par de fréquentes hachures de mots.

Nous apercevons ensuite une série d'étranges liaisons, liaisons spécifiques, bien personnelles, communes à Esterhazy et à l'auteur du bordereau.

Nous observons enfin diverses liaisons irrégulières, constituant de bizarres idiotismes scripturaux, communs à la fois à l'auteur du bordereau et à Esterhazy.

A. — Les hachures des mots.

En parcourant les mots du bordereau, on est tout d'abord frappé de l'exagération des hachures diverses qui s'y remarquent. Voyez notamment au bordereau ces mots :

i-ndi-quant; dé-s-i-rez; j-e; adres-se; rensei-g-nements; i-nté-res-s-ants; f-rei-n; cet-te; pi-èce; di-ffi-ci-le; di-s-pos-i-t-ion; di-s-pos-i-tion.

Parcourez, d'autre part, une lettre d'Esterhazy. Vous y trouverez dans une foule de mots d'identiques hachures bizarres. Il écrit notamment :

J-e; reçoi-s; surpri-s-e; l-a; let-tre; bi-en; adres-ser; ex-pl-i-cat-ions; mari-ag-e; sui-v-i-rent; t-ent-at-i-v-es.

Nous avons été amené à rechercher dans quels cas se produisaient ces hachures, après quelles lettres, et, pour chaque cas, dans quelle mesure.

Voici le résultat de nos observations.

Dans le bordereau comme chez Esterhazy, se constate une identique solution de continuité des mots, principalement après les lettres **f**, **g**, **i**, **j**, **s**, **t**.

1° Le bordereau compte 8 **f** simples ou doubles : 3 **f** sont liés à la lettre suivante ; 5 en sont séparés.

De même, dans une lettre-missive de M. Esterhazy, sur 29 **f**, 12 sont liés, 17 ne le sont pas ; soit chez Esterhazy comme dans le bordereau, deux tiers environ d' **f** non liés et un tiers d' **f** liés.

2° Le bordereau comprend 4 **g** (renseig*n*ements, Mada*g*ascar, campa*g*ne, *g*uerre), qui tous les quatre sont séparés de la lettre suivante. Esterhazy également s'abstient fort fréquemment de lier la lettre **g** à celle qui suit. Voyez mariag-e, ligne 4, page 1 ; g-rande (ligne 8, page 1) ; indig-nes, ligne 9, page 1, etc. ;

3° On trouve dans le bordereau 53 **i**, dont 32 liés et 21 non liés, soit 40 p. c. d' **i** non liés.

L'écriture d'Esterhazy comprend, elle aussi, une proportion égale d' **i** liés et d' **i** non liés.

4° Les 6 **j** du bordereau sont tous séparés de la lettre qui suit.

De même, dans la lettre d'Esterhazy que nous avons analysée, sur 30 **j** employés, nous ne trouvons qu'un seul lié à la lettre suivante : les 29 autres **j** sont tous détachés.

5° Dans le bordereau, sur 30 **s**, 16 sont liés, 14 séparés.

La lettre d'Esterhazy comprend 89 **s**, dont 52 liés et 37 détachés, soit :

Proportion pour cent d' **s** *liés ou non-liés.*

Sur 100 S.

	S liés.	S non-liés.
Bordereau	53	47
Esterhazy	58	42

6° On trouve dans le bordereau 31 **t**, dont 19 liés à la lettre suivante, et 12 séparés de cette lettre.

Chez Esterhazy, dans l'ensemble d'une lettre-missive, nous rencontrons 117 **t**, dont 68 liés et 49 détachés, soit :

Proportion pour cent de **t** *liés ou non liés.*

Sur 100 T.

	T liés.	T non-liés.
Bordereau	60	40
Esterhazy	58	42

Ainsi donc, l'alternance mécanique de la liaison inconsciente des lettres **f**, **g**, **i**, **j**, **s**, **t**, ou de la séparation de ces lettres avec la lettre suivante, se produit dans une proportion absolument égale, à la fois dans le bordereau et chez Esterhazy.

Ce signe d'identité des écritures est des plus graves, des plus caractéristiques, des plus précis. Il montre une identité de facture. En effet, l'anonyme du bordereau lève la plume après la formation de l' **i** pour le tracé du point; il lève aussi la plume après les **t** pour le tracé de la barre ; il la lève après les **j** pour le tracé du point, et après les **f** et les **g**, parce que, dans la formation de la boucle, son coup de plume n'a pas assez d'aisance ni d'impulsion pour se continuer jusqu'à la lettre suivante; enfin, l'auteur du bordereau lève encore la plume après les **s** tournant à gauche, parce qu'il lui faudrait, pour effectuer la liaison, accomplir un mouvement sinistrogyre qui répugne à sa main.

L'auteur n'effectue la liaison des lettres **f, g, i, s, t** que si ces lettres sont très proches de la fin du mot qui elle-même impose la levée.

Or, les levées de main irrégulières s'observent chez Esterhazy sous les mêmes conditions et dans la même mesure que chez le scripteur du bordere

Jamais, décalque n'eût pu produire, ni pourra créer semblable conformité, pareille identité de coup de plume.

B. — De quelques liaisons spécifiques.

Le bordereau renferme une série de liaisons spécifiques, bien caractérisées, dont nous retrouvons des spécimens identiques chez M. Esterhazy.

Le, la, les.

Les articles *le, la, les* présentent la forme d'un **b**.

Bordereau :	*Esterhazy :*
Lignes 4, 5, 9, 13, 18, 22, 24.	page 1, ligne 6.
	» 2, » 1.
	» 2, lignes 11, 12, 14.

BORDEREAU. ESTERHAZY.

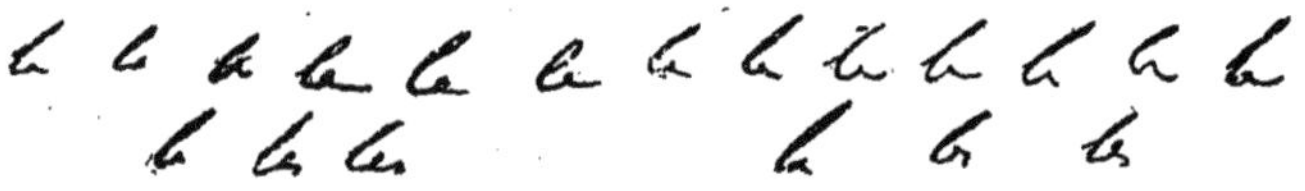

De.

Le mot *de* se trouve 8 fois dans le bordereau. Il est de forme arrondie, avec une hampe bien formée et la première partie de la lettre ouverte.

Chez Esterhazy, nous le trouvons dans une même missive 23 fois dans une forme identique et 5 fois dans une forme différente.

La liaison typique des lettres dans la préposition *de* est absolument identique dans le bordereau et chez Esterhazy.

Bordereau :	*Esterhazy :*
Lignes 7, 11, 13, 18.	page 1, lignes 4, 5, 6, 7, 8, etc.

Dont.

Le relatif *dont* de liaison informe trouve son équivalent identique chez Esterhazy.

Bordereau :	*Esterhazy :*
ligne 5.	page 4, ligne 3.

Jours.

La liaison informe et bizarre du mot *jours* est identique dans le bordereau et chez Esterhazy.

Bordereau :	*Esterhazy :*
Ligne 18.	Page 2, ligne 10.

Vous.

Dans le bordereau, la liaison des premiers jambages du mot *vous* se présente sous la forme d'**irr.**

De même, cette liaison se présente parfois chez Esterhazy sous une forme identique.

Bordereau :	*Esterhazy :*
Lignes 2, 24, 26, 27, 28.	Page 1, ligne 2.
	» 2, » 4.
	» 3, lignes 10, 12.

Je.

Le pronom personnel *je* est d'une formation bizarre, identique chez Esterhazy et dans le bordereau.

Le **j** n'est jamais uni à l'**e.**

L'**e** est souvent rabougri et a parfois la forme d'un simple accent grave.

Bordereau :	*Esterhazy :*
Lignes 2, 27.	Page 1, ligne 13.
	» 2, » 4.
	» 3, lignes 1, 2.

Ff, tt, ss.

Nous avons signalé plus haut les éléments caractéristiques de la liaison des doubles **f, t, s.**

Il nous semble inutile de rappeler les éléments d'identité de ces liaisons spécifiques dans le bordereau et chez Esterhazy.

Ble.

L'auteur du bordereau est incapable de faire régulièrement la liaison des lettres **ble.** Chez lui, le **b** est atrophié, a la forme d'un **l** et les lettres **le** se présentent sous la forme d'un **b.** Au lieu d'écrire **ble,** il écrit **lb.**

Le mot *responsables* du bordereau (ligne 20) est écrit *responsa*lb.

Comme l'auteur du bordereau, Esterhazy ne parvient pas à faire une liaison régulière des lettres **ble**. Chez Esterhazy, le **b** est atrophié, prend la forme d'un **l** et les lettres **le** se présentent sous l'aspect d'un **b**. Comme l'auteur du bordereau, au lieu d'écrire **ble**, Esterhazy écrit **lb**.

Comparez Esterhazy : le mot *faiblesse* (page 1, ligne 8) est écrit *failbsse*.

BORDEREAU. ESTERHAZY.

Cette métathèse du **ble** en **lb** doit avoir une cause. D'où provient-elle? Elle a sa source dans l'éducation germanique de l'auteur du bordereau et de M. Esterhazy. La consonnance **lb** est essentiellement allemande : on la retrouve dans les mots tels que *Halb*, *Kalb*, etc. L'auteur du bordereau et Esterhazy ont ceci de commun, c'est que, en raison de leur éducation première, ils pensent constamment en allemand, alors même qu'ils écrivent en français. Esterhazy écrit *failbesse* comme il écrirait *Halb*, et l'auteur du bordereau écrit *responsalbes* comme il écrirait *Kalb*.

Bre.

Le bordereau renferme un mot, le mot *nombre* (ligne 19), dont la seconde partie, la finale **bre**, fournit un curieux exemple de liaison originale.

Le **b** a la forme d'un **l**; l'**r** a la forme d'un **i**. Dans la liaison des lettres **b** et **r**, on remarque un changement complet d'inclinaison. L'angle d'inclinaison du **b** est de 50°, tandis que l'**r** forme un angle de 90°. La liaison **br** du bordereau est typique, d'une facture personnelle et symptomatique.

Or, on la retrouve absolument identique chez Esterhazy, avec une identique déformation des lettres **b** et **r**, et un identique changement d'inclinaison.

BORDEREAU. ESTERHAZY.

Voyez Esterhazy, page 1, ligne 15, le mot *ombre*. Le **b** a la forme d'un **l**; l'**r** a la forme d'un **i**. L'angle d'inclinaison du **b** est de 50°, tandis que l'**r** suivant forme un angle droit.

L'identique déformation des lettres **b** et **r**, ainsi que l'identique changement d'inclinaison fournissent une preuve nouvelle de l'identité « du coup de plume » chez Esterhazy et chez l'auteur du bordereau.

C. — Liaisons irrégulières.

On observe encore dans le bordereau un fait caractéristique :

Dans une série de mots, parfois deux fois dans le même mot, l'accent ou le point est uni à la lettre suivante par un petit trait bien particulier, de forme toute spéciale.

Voyez bordereau :

Inté-ressants (ligne 3); frei-n (ligne 4); pi-èce (ligne 6); modi-fi-cations (ligne 8); di-ffici-le (ligne 16); di-sposition (ligne 17); mini-stère (ligne 18); offi-cier (ligne 21); di-sposition (ligne 25); moi-ns (ligne 26); i-n extenso (ligne 28).

La fréquence de ces liaisons irrégulières de forme typique doit détruire l'hypothèse d'un accroc d'écriture ou d'un accident de plume. On se trouve en présence d'un « geste scriptural » particulier, couramment usité chez l'auteur du bordereau.

Or, ces liaisons irrégulières de l'accent ou du point à la lettre suivante sont d'usage chez Esterhazy. Il suffit de parcourir une lettre de M. Esterhazy pour s'en convaincre.

BORDEREAU. ESTERHAZY.

Nous constatons ainsi chez l'auteur du bordereau et chez Esterhazy un genre spécial d'habituelles liaisons scripturales vicieuses, de forme analogue, d'égale fréquence, de caractère identique, qui démontrent l'identité du scripteur.

LES FINALES

L'identité de l'écriture du bordereau et de celle d'Esterhazy se manifeste encore dans les finales des mots.

Chez Esterhazy comme dans le bordereau, en traçant le trait final, la main du scripteur a une tendance bien caractérisée vers la droite. Elle s'éloigne de la dernière lettre du mot, soit dans une direction horizontale, soit dans une courbe ascendante vers la droite.

Passons en revue les principales finales les plus caractéristiques.

R *final.*

L' r final, dans le bordereau comme chez Esterhazy, a la particularité spécifique de présenter la forme d'un petit v typographique.

S *final.*

L' s final, chez Esterhazy et dans le bordereau, a une forme bien originale. Il n'est jamais sinistrogyre. C'est un trait centripète, toujours informe, parfois microscopique, et qui généralement semble n'être qu'un minuscule appendice, jeté au-dessous du niveau de la lettre précédente.

Z *final.*

Chez Esterhazy et dans le bordereau, le z final présente ces éléments d'identité :

BORDEREAU. ESTERHAZY.

a) La tête du z est arrondie;

b) Le trait descendant est d'une amplitude plus étendue que les queues des autres lettres;

c) La boucle du z n'est jamais faite ni dans le bordereau, ni chez Esterhazy; elle est remplacée par une queue, toujours nettement accentuée, de forme dextrogyre, se terminant parfois par un minuscule crochet à droite;

d) Chez Esterhazy et dans le bordereau, le z final s'étend souvent jusqu'à la ligne suivante et pénètre dans le corps d'écriture de cette ligne.

Finales en N.

Dans les finales en n, on observe chez Esterhazy et dans le bordereau ces trois éléments d'identité :

a) Tantôt, le dernier jambage de l' n s'arrête brusquement sans délié en un trait centripète;

b) Parfois, mais rarement, le second jambage est rabougri et à peine tracé :

Bordereau :	*Esterhazy :*
dispositio*n*, lignes 17, 25	mo*n*, page 1, ligne 4
	e*n*, » 3, » 19

c) Tantôt, le second jambage de l' **n** final se prolonge en un délié arrondi, horizontal, tracé vers la droite :

Bordereau :			*Esterhazy :*				
frei*n*,	ligne	4.	Déltrie*n*,	page	1,	ligne	6.
u*n*,	»	19.	u*n*,	»	1,	»	12.
e*n*,	»	20.	u*n*,	»	1,	»	19.
i*n*,	»	28.	u*n*,	»	2,	»	9.
e*n*,	»	28.	u*n*,	»	2,	»	10.
e*n*,	»	30.					

Les T *finals.*

L'auteur du bordereau et Esterhazy ont l'identique habitude commune de donner à leurs **t** finals ces formes :

a) Un quart seulement des **t** finals est barré, alors que dans le texte courant, deux tiers des **t** sont barrés ;

b) A la base du trait plein de la lettre **t** final, on remarque un appendice infléchi ou arqué, mesurant jusqu'à 6 millimètres :

BORDEREAU. ESTERHAZY.

Bordereau :			*Esterhazy :*			
cependan*t*,	ligne	2.	e*t*,	page 1,	ligne	4.
don*t*,	»	5.	obje*t*,	»	»	5.
extrêmemen*t*,	»	15.	par*t*,	»	»	6.
e*t*,	»	16.	e*t*,	»	»	6.
doi*t*,	»	21.	inconscien*t*,	»	»	12.
e*t*,	»	24.	commen*t*,	page 2,	»	2.
e*t*,	»	28.	furen*t*,	»	»	3.
			aperçu*t*,	»	»	8.
			don*t*,	»	»	11

Les finales en E.

L'identité des écritures d'Esterhazy et du bordereau nous est fournie encore par l'examen des finales en **e**.

Le bordereau comprend soixante-deux terminaisons de mots en **e**. Dans aucun cas, le scripteur ne finit le mot par un trait centripète, s'arrêtant brusquement au plein; toujours, à l'antithèse de l'écriture de Dreyfus, le délié de l'**e** dans le bordereau se prolonge soit en un trait horizontal atteignant jusqu'à 5 millimètres, soit en un délié arrondi vers la droite.

De même, dans une seule lettre missive d'Esterhazy, sur 170 finales en **e**, dans aucun cas, le trait plein ne termine le mot par un geste centripète brusque. Au contraire, la tendance dextrogyre de l'écriture est nettement accentuée. Le délié de l'**e** final d'Esterhazy se prolonge ou bien en un trait horizontal mesurant jusqu'à 5 millimètres, ou en un délié très arrondi, vers la droite, absolument comme dans le bordereau.

*
* *

En résumé, l'analyse minutieuse des finales et de leurs particularités fournit un nouvel ensemble de preuves décisives démontrant avec une manifeste évidence l'identité des écritures d'Esterhazy et du bordereau.

V

L'HYPOTHÈSE DU DÉCALQUE

Nous avons montré l'identité absolue des écritures du bordereau et d'Esterhazy, depuis les caractères généraux de l'écriture, grandeur des lettres, hauteur, largeur, direction des traits, direction des lignes et continuité des mouvements, jusqu'aux moindres détails de la formation des lettres et de leurs liaisons.

Le lendemain de la dénonciation de M. Mathieu Dreyfus, dès le 16 novembre 1897, le commandant Esterhazy avoua l'*effroyable similitude* que le bordereau et son écriture présentaient. Il ajouta cependant que, tout en étant de son écriture, le bordereau ne serait point de sa main. Dreyfus aurait décalqué... son écriture à lui! Devant le conseil de guerre, à l'audience du 10 janvier 1898, Esterhazy donna l'invraisemblable explication suivante :

« Un jour, en février 1893, un inconnu se faisant passer pour un certain capitaine Brault, lui aurait écrit à Rouen, le priant de lui faire parvenir une notice sur le rôle de la cavalerie légère dans la campagne de

Crimée, à Eupatoria. Esterhazy, sans défiance, avait rédigé un mémoire de huit pages à ce sujet et l'aurait expédié à Paris, à l'adresse indiquée par l'inconnu,... rue de Châteaudun... dans un immeuble voisin de la demeure de M. Hadamard, beau-père du capitaine Alfred Dreyfus (1)... » Le faussaire-décalqueur aurait tiré de ce mémoire les mots du bordereau, les aurait assemblés et décalqués.

Malheureusement pour Esterhazy, sa version du décalque est détruite par quatre ordres de faits.

1° D'abord, il convient de ne pas oublier comment le capitaine Alfred Dreyfus fut condamné pour avoir écrit le bordereau. D'après l'accusation, Alfred Dreyfus avait combiné une sorte de mixture graphique, composée de caractères de son propre graphisme et de traits empruntés au graphisme de son frère, M. Mathieu Dreyfus; puis il avait écrit le bordereau, qui était un « autodécalque de ce mélange d'écritures ».

Ni l'officier instructeur, ni le rapporteur du conseil de guerre, ni le commissaire du gouvernement, ni aucun des juges du conseil, nul ne songea un seul instant à se demander si un tel mélange d'écritures était réalisable; si un autodécalque de semblable mixtion pouvait s'accomplir et serait de nature à donner l'impression d'une écriture naturelle.

Or, tout le système de l'accusation contre Dreyfus n'est qu'une absurde hypothèse de l'imagination maladive de Henri Bertillon et se fonde sur une absolue impossibilité matérielle. Que M. Bertillon fabrique un tel mélange d'écritures, qu'il nous montre cette combinaison, puis qu'il réalise l'autodécalque. Faites l'expérience, Bertillon; faites-la devant nous; montrez et puis parlez !...

2° Esterhazy s'est chargé, d'ailleurs, de détruire le conte Bertillon; il l'a remplacé par la fable Brault.

Or, le commandant Esterhazy n'est parvenu à fournir aucune espèce de preuves, de pièces, de lettres, d'indices même, établissant la prétendue demande de renseignements du capitaine Brault. Par aucun élément de preuves, il n'établit d'autre part avoir fait l'envoi du prétendu manuscrit à une adresse connue. Il ne s'est jamais étonné de n'avoir reçu aucun mot de remerciement en cas de réception du mémoire, ni aucune lettre de confirmation pour cause d'égarement du manuscrit. Esterhazy dit avoir fait son prétendu envoi en *mars 1893* et n'a songé à demander au capitaine Brault si le manuscrit lui était bien parvenu que *le 29 octobre 1897 !...*

La demande d'un document étrange faite par un inconnu, comme son expédition sans traces à une adresse ignorée et irretrouvable offrent tous les caractères d'une invraisemblable légende, inventée pour les besoins de

(1) Voyez *Compte rendu de l'affaire Esterhazy*, par Yves Guyot, Paris, 1898, pp. 126-128.

la cause. Et c'est d'après ce mémoire fantastique, c'est d'après ce document « voilé » que le capitaine Dreyfus aurait rédigé le bordereau, en décalquant l'écriture d'Esterhazy !...

3° Supposons néanmoins le mémoire Brault existant, demandé réellement et parvenu entre les mains de Dreyfus. L'explication d'Esterhazy n'en demeure pas moins inadmissible et invraisemblable, car elle se heurte à une série d'impossibilités matérielles et morales que nous allons résumer (1).

a) Le bordereau comprend cent quatre-vingt-un mots, la plupart différents les uns des autres. Il s'y rencontre des mots rares, tels que *frein*, *hydraulique*, *Madagascar*, etc. Dans quels autographes d'Esterhazy, dans quelle partie du mémoire Brault, le capitaine Dreyfus aurait-il été trouver ces mots, d'autant plus que chacun de ces mots devait présenter des dimensions et une inclinaison convenables, de manière à ne point jurer avec ses voisins?

b) Dreyfus, dit-on, aurait pu user d'un procédé plus raffiné et plus délicat : découper des parcelles de mots et les réunir. Mais, dans ce cas, chaque mot révélerait des traces multiples du faux, pour ainsi dire à chaque lettre et à chaque délié.

c) L'ordonnance du manuscrit, la courbure de la directrice marginale, la concavité des lignes, la manière dont les mots sont disposés, l'absence de blanc au commencement des alinéas, l'absence de toute coupure de mots à la fin d'une ligne, en un mot la facture générale du bordereau porte l'estampille intrinsèque d'Esterhazy.

d) Les mots semblables : le mot *note* employé quatre fois (lignes 4, 7, 10, 12); le mot *vous* employé six fois (lignes 1, 2, 23, 24, 26, 28); le mot *disposition* employé deux fois (lignes 17, 25); le mot *de* qui revient huit fois (lignes 7, 11, 13, 14, 18), tous ces mots semblables, loin de provenir d'une matrice unique, sont de dimensions et de formes différentes. En outre, les mots semblables du bordereau non seulement présentent une variété de formes que la spontanéité du mouvement musculaire d'Esterhazy a seule pu produire, mais chacun de ces mots présente la forme spéciale voulue, nécessitée par le mot voisin.

e) Esterhazy a l'habitude de ne jamais couper ses mots à la fin des lignes. Si la fin du mot est trop éloignée de la fin de la ligne, il l'allonge par une finale souvent démesurée. Si le mot qui termine la ligne est un petit mot et qu'Esterhazy a beaucoup de place, il grossit ce mot. Or, l'allongement des finales à la fin des lignes en vue de remplir le blanc et le grossissement de certains mots finals, tels que *de* (ligne 13), *peu*

(1) Devant le jury de la Seine, à l'audience du 16 février 1898, M. Paul Moriaud, le très distingué professeur à la Faculté de droit de Genève, a démontré de façon lumineuse et péremptoire cette impossibilité du décalque. (*Procès Zola*, t. II, pp. 68-76.)

(ligne 17), *guerre* (ligne 18), *ne* (ligne 26), ces deux éléments caractéristiques établissent que, seul, Esterhazy a pu placer ces mots à la fin des lignes et qu'il est impossible que ces mots aient été pris de ci, de là, dans un mémoire Brault quelconque, pour être reportés dans le bordereau.

f) La direction des lignes du bordereau nous fournit encore un argument établissant l'impossibilité du décalque. Nous avons vu que l'écriture d'Esterhazy et celle du bordereau présentent le caractère commun de contenir deux tiers de lignes dont la direction est nettement concave ou creusée. Comment un décalqueur aurait-il pu produire de semblables inflexions, d'égale courbure, dans une proportion identique?...

g) Une autre preuve démontre l'impossibilité du décalque. L'écriture d'Esterhazy est essentiellement variable. Tantôt il écrit plus ou moins gros, plus ou moins large, avec un mouvement plus ou moins arrondi. Dans le bordereau se rencontrent précisément les deux types d'écritures différentes d'Esterhazy. On distingue dans les quatorze premières lignes une écriture plus serrée, plus calme, plus lisible, plus petite et plus lente ; dans les seize dernières lignes, l'écriture est plus grosse, plus lâchée, plus rapide. Or, un décalqueur aurait pris les mots au hasard, juxtaposant les mots d'une écriture petite, anguleuse et calme avec ceux d'une écriture plus grosse, plus arrondie, plus large et plus rapide, ou bien décalquant des mots d'inclinaisons différentes. Dans le bordereau, au contraire, les deux écritures différentes d'Esterhazy se succèdent, montrant que le bordereau a sans doute été écrit en deux fois, alors qu'Esterhazy se trouvait dans deux états d'esprit différents : le premier plus calme, le second plus nerveux, plus agité. C'est donc bien Esterhazy lui-même qui a disposé les mots du bordereau selon son état d'esprit.

h) Nous avons vu que dans le mot *jours* du bordereau, l'auteur avait muni le *j* d'une boucle. Chaque fois qu'Esterhazy écrit le mot *jour*, toujours s'y rencontre le *j* à boucle qu'on ne retrouve nulle part ailleurs, dans aucun autre mot (sauf une ou deux exceptions). Or, il résulte de mes recherches que la langue française possède quatre cent quatre-vingt-douze mots renfermant la septième consonne de l'alphabet. En adoptant une seconde seulement l'hypothèse d'un décalque, comment le décalqueur aurait-il pu pressentir que parmi les quatre cent quatre-vingt-douze mots français possédant dans leur corps la lettre *j*, le mot *jour* fût précisément l'un des rarissimes qu'Esterhazy écrit avec la boucle normale, en raison d'un geste irréfléchi, inconscient et inexplicable?

i) Mille détails prouvent encore l'impossibilité du décalque : les caractéristiques de la formation de chaque lettre, l'égale proportion de traits typiques dans le bordereau et chez Esterhazy, l'exacte alternance de *t* barrés et de *t* non barrés, les mêmes levées de plume, les mêmes bizarreries de liaisons, les mêmes solutions de continuité des mots après certaines lettres, d'identiques liaisons spécifiques ou irrégulières, les mêmes minuties orthographiques, d'identiques défauts quant au choix des expressions, quant à la construction des phrases et quant au style, démontrent qu'Esterhazy seul a pu concevoir, rédiger et tracer le bordereau.

j) Autre preuve encore : au point de vue physiologique, le décalque parfait d'une écriture est reconnu impossible. Tout homme qui altère son écriture est naturellement contraint de laisser dans son écrit des marques de sa facture personnelle, car le geste scriptural, à l'égal de tous nos mouvements musculaires, est la résultante d'un réflexe cérébral. Jamais aucun homme ne pourra parvenir à agir sur les caractéristiques foncières de son système nerveux, de ses muscles et de sa personnalité. Un décalqueur, comme un acteur habile, pourrait produire à distance l'illusion de la ressemblance, mais non créer la réalité d'une identité absolue.

*
* *

En somme, tous les experts, depuis M. Moriaud jusqu'au docteur Héricourt, sont unanimes à reconnaître que le décalque du bordereau au moyen d'un assemblage de mots ou de morceaux de mots rapportés, constitue une impossibilité matérielle absolue. Jamais une pareille mosaïque artificielle ne pourrait former un tout homogène, ni donner l'illusion de l'écriture courante.

Le bordereau, on le sait, a été écrit sur du papier pelure, sur une sorte de papier à calquer. De la nature du papier, on a cherché à tirer argument pour démontrer la probabilité d'un décalque d'écriture. S'il y a décalque, il se peut qu'on se trouve en présence d'un *autodécalque*, c'est-à-dire d'un décalque exécuté par l'auteur lui-même de la pièce incriminée. L'*autodécalque* est, pour un malfaiteur, le plus sûr moyen de se couvrir et de lui permettre de rejeter sur autrui la responsabilité de son propre écrit. Quoi qu'il en soit, qu'il y ait décalque ou autodécalque, la pièce originale, la matrice sur laquelle n'importe qui a copié le bordereau, cette matrice originale a été fabriquée par Esterhazy, écrite par lui et n'a pu l'être que par lui seul.

La nature du papier pelure qui a servi au bordereau ne donne d'ailleurs aucun caractère particulier de vraisemblance à l'hypothèse d'un décalque réel. En effet, les espions, les gens qui se livrent au trafic des renseignements, usent généralement de ce papier pour deux raisons : s'ils sont sur le point d'être arrêtés, ils peuvent plus aisément avaler le papier compromettant; de plus, en cas de poursuites, ils ont quelques chances de se tirer d'affaire, comme Esterhazy, en se prétendant les innocentes victimes d'un décalqueur criminel.

Le papier pelure quadrillé sur lequel est écrit le bordereau était, en

1894, d'un emploi si rare en France que MM. H. Bertillon et Cochefert ne sont point parvenus à en trouver des échantillons semblables chez aucun fabricant ou marchand de France.

Le papier de ce genre est de fabrication anglaise et allemande; il se vendait aussi en Belgique à l'époque de la rédaction du bordereau. Or, il est aujourd'hui établi qu'Esterhazy possédait de ce papier, puisqu'on a saisi l'une de ses lettres écrite sur une feuille identique à celle du bordereau; d'autre part, ce n'est un mystère pour personne qu'Esterhazy voyageait en Angleterre, en Allemagne et en Belgique; qu'ici notamment il se rendait aux chasses de M. le comte Adhémar d'Oultremont, sénateur d'Ath. Il était donc à même d'acheter à l'étranger le papier dont il s'est servi.

4° En tout dernier lieu, un faisceau de preuves morales détruisent l'invraisemblable hypothèse du décalque de l'écriture d'Esterhazy par Dreyfus.

Tout d'abord, — et ce point est de la plus grande importance — Dreyfus, officier en garnison à Paris, était à même de donner chaque jour des rendez-vous à un agent étranger, sans se trouver contraint comme Esterhazy, officier en garnison à Rouen, d'adresser à son correspondant des notes accompagnées d'un bordereau d'envoi. Dreyfus pouvait remettre ses notes de la main à la main, sans laisser de trace de transmission. Esterhazy ne le pouvait : il devait nécessairement annoncer ses visites et ses envois. Le bordereau écrit par Dreyfus de la garnison de Paris, eût été un acte de folie. Écrit par Esterhazy de la garnison de Rouen, lors d'un de ses passages dans la capitale, le bordereau se conçoit et répond à la logique des choses.

Jamais Dreyfus n'aurait écrit de bordereau. Eût-il été amené à en écrire un, il aurait employé pour se couvrir quelque moyen bien supérieur à un vulgaire décalque, soit en se servant d'une machine à écrire, soit en employant des caractères d'imprimerie. En admettant même que le décalque fût chose possible, on se demande dans quel but Dreyfus se serait livré à l'opération compliquée et périlleuse d'un décalcage, qui ne devait être pour lui d'aucun profit.

A un autre point de vue, Dreyfus coupable aurait évidemment décalqué une écriture diamétralement opposée à la sienne. Il ne lui servait de rien d'imiter une écriture offrant avec la sienne quelque ressemblance superficielle compromettante.

Les conclusions contradictoires des expertises en écriture innocentent Dreyfus. D'après MM. Teyssonnières et Charavay, le bordereau est de l'écriture de Dreyfus ; MM. Gobert et Pelletier furent d'un avis contraire. M. H. Bertillon, lui, voulut démontrer que l'écriture du bordereau résulte d'un décalque et d'une falsification simultanés : le capitaine Alfred Dreyfus aurait décalqué une matrice formée de son écriture et de celle de son frère, M. Mathieu Dreyfus. Pour étayer sa démonstration, M. H. Bertillon a invoqué comme argument certain « rythme géométrique dont l'équation se retrouve dans une lettre de M. Mathieu Dreyfus sur les fusils de chasse ». Sans parvenir à préciser les diverses manipulations auxquelles Dreyfus aurait eu recours, M. Bertillon a cru pouvoir y suppléer en produisant devant les membres du Conseil de guerre son fameux schéma, qui jette une clarté peu souriante sur l'état d'esprit du malheureux expert.

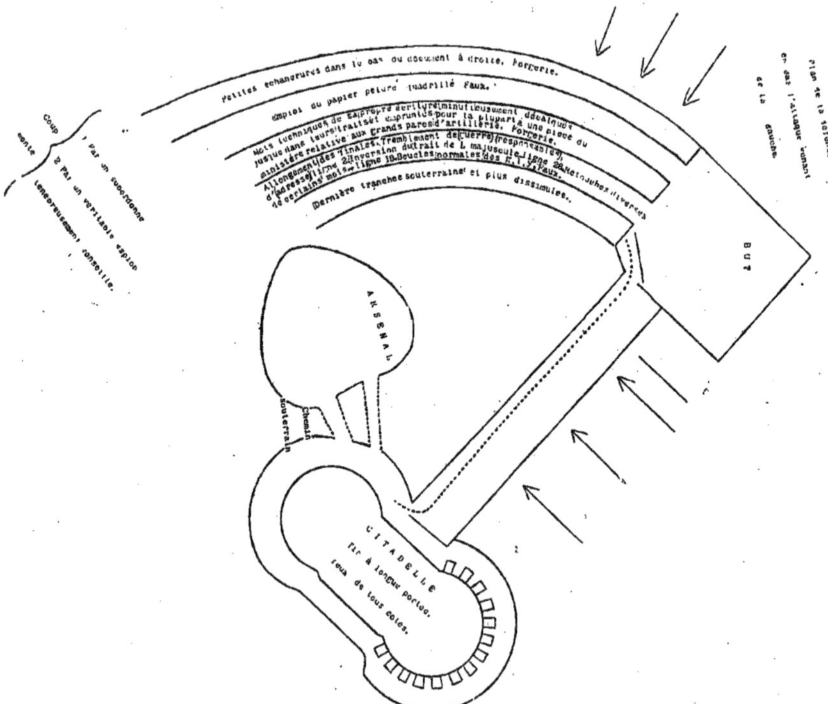

Schéma du rapport de M. Bertillon.

Quant aux experts du procès Esterhazy, on connaît les conclusions qui leur furent suggérées. Le bordereau serait de l'écriture du comte Walsin-Esterhazy, sans être toutefois de sa main. Il y aurait décalque!... Dans ce cas même, aucune charge ne permettrait d'accuser plutôt Dreyfus qu'une autre personne.

D'ailleurs, pourquoi Dreyfus aurait-il décalqué l'écriture d'Esterhazy, major à Rouen, plutôt que celle de tout autre officier?... Pourquoi Esterhazy?...

Ensuite, comment le destinataire aurait-il reconnu la provenance d'une pièce non signée, d'une écriture simulée et contrefaite?...

Et puis, si Dreyfus avait décalqué l'écriture d'Esterhazy, c'eût été évidemment pour le compromettre, afin de détourner sur lui les soupçons, pour pouvoir éventuellement le charger et même le perdre en cas de besoin. Or, que voyons-nous? Dreyfus est arrêté le 15 octobre 1894 et mis au secret. On lui fit écrire quatre-vingts fois le texte du bordereau, en l'obligeant à écrire tantôt debout, tantôt assis, tantôt ayant la main gantée. On le laissa se débattre contre l'accusation sans lui en indiquer les bases et les motifs. Le commandant du Paty de Clam, chargé de l'instruction, ne lui soumit le bordereau incriminé qu'à la fin de son instruction. Un soir pourtant, M. du Paty de Clam montra au capitaine Dreyfus la dernière ligne du bordereau : *Je vais partir en manœuvres*. Ce n'est pas mon écriture, s'écria-t-il. — Alors, reprit M. du Paty, dites-nous donc quelle est cette écriture? — Je n'en sais rien, répondit le capitaine Dreyfus. Conduisez-moi au ministère. Peut-être trouverai-je. — Sur le refus de M. du Paty d'accueillir sa demande, le capitaine Dreyfus crut se rappeler que l'écriture qu'on lui montrait ressemblait vaguement à celle d'un autre officier (1). L'acte d'accusation de M. le commandant Besson d'Ormescheville s'est emparé de ce fait pour en faire un grief au capitaine Dreyfus. On lit, en effet, dans l'acte d'accusation d'Ormescheville :

« Au début de cet interrogatoire, le capitaine Dreyfus avait tout d'abord dit qu'il lui semblait vaguement reconnaître dans le document incriminé l'écriture d'un officier employé dans les bureaux de l'état-major de l'armée; *puis, devant nous, il a déclaré retirer cette allégation qui, d'ailleurs, devait tomber d'elle-même en présence de la dissemblance complète et évidente du type graphique de l'officier visé avec celle du document incriminé.* »

Or, retenons cette indication précise et précieuse : Dreyfus avait cru reconnaître dans le graphisme du bordereau l'écriture du capitaine Brault, attaché aux bureaux de la guerre. Rappelons-nous, d'autre part, que ce n'est ni le capitaine Alfred Dreyfus, ni M. Mathieu Dreyfus qui ont découvert et « pincé » Esterhazy. Le colonel Picquart, chef du bureau des renseignements, découvrit l'attitude louche d'Esterhazy, et constata le premier l'identité des écritures, en mai 1896. Quant à M. Mathieu Dreyfus, il ne connut l'existence d'Esterhazy que par la révélation de M. de Castro. Ce dernier, banquier établi à Paris, fit de nombreuses affaires de bourse pour Esterhazy. En novembre 1897, il acheta par hasard à un camelot des boulevards un fac-simile du bordereau. Il y

(1) Avant l'arrestation du malheureux capitaine Alfred Dreyfus, les soupçons de l'état-major lui-même se portèrent sur un autre officier d'artillerie, attaché au ministère, qui, heureusement, en raison de sa religion, échappa aux griffes du tortionnaire dément, M. du Paty de Clam.

reconnut aussitôt l'écriture d'Esterhazy, et, après avoir consulté ses amis, prévint M. Mathieu Dreyfus, le 10 novembre 1897.

Nous avons démontré que l'hypothèse du décalque est totalement invraisemblable et se trouve détruite par d'irréfragables preuves matérielles et morales. Personne n'a décalqué l'écriture d'Esterhazy pour fabriquer le bordereau; personne ne l'aurait pu; personne ne le pourrait.

Les explications d'Esterhazy sont une fable doublée d'une infamie nouvelle de M. du Paty de Clam.

En effet, c'est le magistrat instructeur du Paty de Clam, qui, en octobre 1897, sachant le scandale qui allait éclater, a dû souffler à Esterhazy le nom du capitaine Brault, par l'entremise de la dame voilée, la célèbre marquise Gabrielle du Clan de la Pissotière (1). C'est alors que, **le 29 octobre 1897**, sous la dictée sans doute de du Paty, Esterhazy écrivit pour la première fois au capitaine Brault pour lui demander s'il avait bien reçu son prétendu envoi de **février-mars 1893!!**

La fable stupide inventée par les compagnons du Paty-Esterhazy-Henry est détruite par elle-même : en effet, si Dreyfus avait réellement décalqué l'écriture d'Esterhazy, c'eût été pour le compromettre et le perdre, sinon le décalque n'aurait pas eu de raison. Pressé de questions par M. du Paty et par M. Besson d'Ormescheville, Dreyfus aurait déclaré « reconnaître dans le document incriminé l'écriture d'un certain officier appelé Esterhazy ». En présence de la ressemblance flagrante, absolue et complète des deux types graphiques, l'accusation contre Dreyfus se fût effondrée.

Mais que fait le capitaine Dreyfus, lui, homme d'une intelligence merveilleuse et d'une pondération de jugement remarquable? Dénonce-t-il Esterhazy, dont il aurait décalqué l'écriture?... Non. Il croit reconnaître dans le bordereau l'écriture du capitaine Brault, c'est-à-dire qu'il aurait dénoncé comme auteur du bordereau le faux nom « Brault », dont il se serait servi pour se procurer de l'écriture du uhlan... C'est de la démence, digne d'Esterhazy, digne de du Paty, digne d'Henry, cette sinistre et sainte trinité de l'I grec.

(1) Christian Esterhazy, le cousin du uhlan, a révélé qu'il avait servi d'intermédiaire entre le colonel du Paty de Clam et le commandant. Les rendez-vous avaient lieu chaque soir à des endroits différents. Le premier échange de billets eut lieu à l'avenue Gabriel. Une vespasienne servit de cabinet de rédaction au colonel du Paty de Clam.

VI

LE BORDEREAU

JUGÉ AU POINT DE VUE

DE LA LINGUISTIQUE ET DU STYLE

Ce ne sont pas seulement les idiotismes scripturaux qui démontrent avec une certitude mathématique l'identité d'origine du bordereau et des écrits de M. Esterhazy; dans les trente lignes insignifiantes du document incriminé, se décèle, évidente, la facture bien personnelle de M. le comte commandant Walsin-Esterhazy : la linguistique, les minuties orthographiques, les vices du style le trahissent et le dénoncent.

I. — HABITUDES ORTHOGRAPHIQUES

Parmi tous les contrastes qui différencient foncièrement le capitaine Dreyfus et le commandant Esterhazy, on peut citer leur antithèse quant aux minuties orthographiques. Le capitaine Dreyfus n'est pas très grammairien; il lui arrive fréquemment d'oublier la cédille là où il en faut et d'en mettre une là où il n'en faudrait pas. Dreyfus écrira par exemple : *francais*, *facon*, *innoçent*, *souffrançe*, *forçe* De même, pour les accents. Tantôt il place l'accent grave sur la préposition **à**, tantôt il l'omet. Il revêt d'accents inutiles des lettres qui n'en comportent pas : il écrit, par exemple, *nécéssaire*. D'autres fois, il oublie l'accent et écrit : *helas*, *epargne*.

Esterhazy, au contraire, qui n'est point un lettré, se montre très rigide dans l'observance des minuties orthographiques : il n'oublie jamais ni un point, ni un accent; il place même le point sur le **j** et l'accent grave sur l'**A** majuscule. Une autre particularité d'Esterhazy est d'unir par un trait d'union irrégulier (1) l'adverbe *très* à l'adjectif ou à l'adverbe suivant (p. 1, l. 8; p. 3, l. 8).

En lisant avec attention le bordereau, on n'y remarque aucun des défauts de Dreyfus; nulle erreur d'accentuation ne s'y peut observer; aucun accent n'est omis ni placé de travers comme chez Dreyfus; par contre, toutes les minuties orthographiques y sont religieusement res-

(1) Depuis 1878, l'Académie française a supprimé le trait d'union après *très*. Les deux habitudes d'orthographier se sont maintenues. Les personnes dont l'éducation littéraire est antérieure à 1878 placent souvent le trait d'union après *très*. Esterhazy est de ce groupe. Au contraire, les personnes plus jeunes, celles qui n'ont pas dépassé la quarantaine, ne placent presque jamais ce trait d'union irrégulier. On ne le rencontre jamais chez Dreyfus.

pectées : points sur les i; accents graves bien prononcés, placés partout où il le faut; points sur les j à la mode esterhazienne; accent grave sur l'**A** majuscule; trait d'union irrégulier entre *très* et *peu* (ligne 17).

Un Dreyfus faussaire, un décalqueur aurait évidemment laissé quelques traces de son originalité en oubliant un accent, un point ou un trait d'union, ou en surchargeant d'un accent inutile ou d'une cédille irrégulière l'une des 840 lettres du bordereau. Il n'en est rien. Le bordereau tout entier est écrit avec la pointilleuse minutie de l'orthographe rigoriste du comte Walsin-Esterhazy.

II. — CHOIX DES EXPRESSIONS

La langue du bordereau, c'est-à-dire le choix des expressions, montre que son auteur a une connaissance très imparfaite de l'exacte propriété des termes de la langue française (1).

Par exemple, l'anonyme écrit : *Sans nouvelles*, etc. Le mot *nouvelles* est ici un terme impropre. Un Français connaissant sa langue écrirait *Sans avis*.

A la ligne 5e, l'expression *s'est conduite* est incorrecte : une pièce *se comporte* bien ou mal, un frein *fonctionne*, mais ne *se conduit* pas.

De même, la ligne 18-19 : Le ministère de la guerre en a envoyé un *nombre fixe* dans les corps... *Fixe*, synonyme ici d'*invariable*, est impropre. L'idée est que chaque corps a reçu un nombre *déterminé et précis*, prévu d'avance en vue du contrôle, afin de vérifier et de reconnaître si tous les exemplaires envoyés sont restitués.

Aux lignes 23-26, l'auteur du bordereau écrit : « Si vous voulez y prendre ce qui vous intéresse, etc..., *je le prendrai...* » La tournure est exotique. Un Français eût dit : *Je passerai ou j'irai le prendre.*

A la ligne 25 : tenir à ma disposition *après*. La préposition *après* exige en français un complément. L'auteur du bordereau emploie ce mot comme adverbe, dans le sens d'*ensuite*, de *plus tard*. Il y a là un germanisme bien caractérisé : *Nachher* en allemand n'exige pas de complément.

Chaque officier doit remettre... Doit est impropre : chaque officier *est tenu* de... De même, *remettre* est incorrect : remettre, c'est donner une chose à celui à qui elle est destinée. Or, on ne remet pas un dépôt, un prêt. On rend, on restitue.

La comparaison des lettres de Dreyfus et d'Esterhazy, nous permet de remarquer que Dreyfus est toujours des plus précis et des plus exacts

---

(1) Voyez sur la plupart de ces points, la remarquable déposition de M. Louis Havet, de l'Institut de France. Le journal « *Le Siècle* » a signalé également une série de bizarreries grammaticales et syntaxiques du bordereau.

dans le choix de ses mots, tandis que les lettres d'Esterhazy, comme le bordereau, foisonnent en termes impropres.

Ainsi, dans sa lettre Deltrien, Esterhazy parle de « la considération de sa *position* » (p. 1, l. 7). Il emploie *position* au lieu de *situation*. Un Français « nationalisé » eût compris la nuance entre la « position d'un soldat » et la « situation d'un officier ».

A la ligne 11 : « Elle eut *à cette occasion* comme agent... » Le contexte montre que l'expression est ici impropre. Esterhazy veut dire : elle eut dans cette affaire comme agent conscient...

Ligne 15 : « l'ombre d'une dette *vis-à-vis* de ces deux personnages ». Un Français nationalisé contracte une dette *envers* quelqu'un. La contracter « en face de quelqu'un » exprime une autre idée.

Page 2, ligne 18 : « ... qu'il suffirait de ces *informations* ». Esterhazy emploie improprement ce terme pour *explications*, ce qui est tout autre chose. On prend des *informations* sur quelqu'un et l'on fournit des *explications* à quelqu'un. Esterhazy n'a pas compris cette nuance.

A la page 2, ligne 5, le *mais* est incorrect : il n'y a à marquer aucune opposition, aucune restriction.

Comme l'auteur du bordereau, Esterhazy emploie la préposition *après* sans complément (page 2, ligne 10).

Esterhazy est d'ailleurs si peu au courant des termes précis de la langue française qu'il transforme par ignorance certains mots. Dans l'une de ses lettres, il parle du « cynisme avec lequel ce *lusson*... » (avec deux *s* à l'allemande), — il veut dire *luron*, — « l'a fourré dedans ».

L'auteur du bordereau et Esterhazy se rapprochent donc par un défaut identique, consistant en une connaissance imparfaite de la propriété des termes de la langue française et dans l'emploi fréquent de locutions vicieuses.

III. — GERMANISMES ET VICES DE CONSTRUCTION DES PHRASES

L'analyse du bordereau montre de multiples incorrections de rédaction ; on y constate notamment douze germanismes bien caractérisés.

a) La première phrase est du plus pur nationalisme... germanique :

« Sans nouvelles que vous désirez me voir, je vous adresse cependant... »

Ohne Nachricht dass Sie mich zu sehen wünschen, sende ich Ihnen dennoch...

Un Français eût ainsi tourné sa phrase : *Bien que je n'aie pas reçu d'avis me disant..., je vous adresse, Monsieur*... Ou bien, il eût coupé sa phrase : *Je n'ai pas reçu... mais...*

b) Le *cependant* est un explétif essentiellement allemand. On le retrouve chez Esterhazy (lettre Deltrien, p. 2, l. 5) : « ... furent réduits au silence, je ne voulus pas porter plainte *cependant, mais...* »

c) « Une note sur le frein hydraulique et la *manière dont s'est conduite cette pièce.* » Un vrai Français eût évité ce passif et écrit : « Une note sur le frein hydraulique du 120 et son fonctionnement. » Tout au moins aurait-il placé le sujet avant le verbe.

d) Une note sur les troupes de couverture *(quelques modifications y seront apportées par le nouveau plan).* Encore un passif germanique. Un Français eût écrit : *le nouveau plan y apportera quelques changements.* Or, Esterhazy emploie fréquemment, à la mode allemande, la forme passive.

e) *Ce dernier document est extrêmement difficile à se procurer.* La phrase est bien allemande : *Dieses letztere Dokument ist aeusserst schwer zu beschaffen...* Malheureusement, elle est, en français, d'une absolue incorrection grammaticale. La construction française eût exigé : « Il est fort difficile de se procurer ce document. »

f) *Si donc...* l'accumulation de conjonctions se retrouve chez Esterhazy (lettre Deltrien, p. 3, l. 21) : *Car si comme...*

g) *Si vous voulez y prendre ce qui..., je le prendrai.* En allemand, la phrase est correcte : *Ich werde es abholen.* En français, il aurait fallu employer un autre tour de phrase : *J'irai le chercher*, ou *je le ferai prendre.*

h) Nous arrivons maintenant à une phrase incorrecte du bordereau où certain antisémite téméraire a cru découvrir une preuve de la culpabilité de Dreyfus. Voici la phrase :

A moins que vous NE *vouliez que je le fasse copier* in-extenso, *et* NE *vous en adresse la copie.* Le second *ne* est de trop.

Un M. Jacques de Biez, dans une brochure intitulée : *Le Solécisme du bordereau et les lettres de Dreyfus* (1), a signalé cette faute. Il croit Dreyfus coupable, parce que le *ne* irrégulier du bordereau se retrouverait dans cette phrase du capitaine : « ... Mais ce dont je ne saurais douter, ce dont je n'ai pas le droit de douter, c'est que tous les concours NE te soient donnés, que cette œuvre de justice et de réparation NE se poursuive et NE s'accomplisse. » Ce triple NE serait une faute énorme, énorme comme celle du bordereau et prouverait l'identité d'origine.

Malheureusement pour M. Jacques de Biez, la phrase de Dreyfus est correcte en tous points. M. Louis Havet, de l'Institut de France, a montré la méprise. Il suffisait à M. de Biez de consulter Littré au mot *douter :* le NE est courant dans les phrases négatives. Il aurait vu citer cet exemple

(1) Paris, A. Pierret, rue Etienne Marcel.

de Bossuet : « Je ne crois pas qu'on puisse douter que Ninus NE se soit attaché à l'Orient... » La phrase de Dreyfus a pour elle l'autorité de Bossuet. Elle est donc correcte, tandis que celle du bordereau ne l'est pas.

Sans doute, toute personne, en écrivant, peut par distraction ajouter à sa phrase une particule, un mot de trop. En ajoutant son second *ne* inutile, l'auteur du bordereau a subi la suggestion du premier *ne*. Or, il se fait que cette addition de petits mots inutiles, cette répétition par ce que j'appellerai une « suggestion phonétique », ne se rencontre jamais chez Dreyfus, tandis que je la constate chez Esterhazy. Qu'on lise cette phrase de la lettre Deltrien, p. 3, l. 20, 21 ; p. 4, l. 1 :

« Je vous serais obligé de me dire *quels* sont ses héritiers, *quelle* est leur adresse, car si comme je le pense, ils sont de sa famille directe, sa femme ou ses enfants, **qu**'il est dans ce cas certain que dans les papiers du défunt... »

Ici, chez Esterhazy, se retrouve un solécisme identique à celui du bordereau, faute résultant d'une même distraction et d'une semblable suggestion phonétique.

i) L'auteur du bordereau emploie improprement la préposition *dans*.

Ligne 19 : « Le ministère de la guerre en a envoyé un nombre fixe DANS les corps. » Un Français nationalisé envoie quelque chose A quelqu'un.

Or, la disgrâce du hasard fait que la répétition ou l'emploi vicieux de la préposition DANS se remarque dans toutes les lettres d'Esterhazy.

Lettre Deltrien : « A l'époque de mon mariage et DANS les temps qui suivirent..., qui habitait DANS le haut de la rue... Il est DANS ce cas certain que DANS les papiers du défunt... »

j) En observant le bordereau, on remarque encore un abus des adjectifs démonstratifs. On lit dans le bordereau :

« Une note sur le frein hydraulique du 120 et la manière dont s'est conduite CETTE pièce. » Un Français eût écrit : « Une note sur le fonctionnement du frein hydraulique du 120. »

On y lit encore (l. 15) :

« CE DERNIER document... » Observez la double détermination, parfaitement inutile.

Lisez les lignes 18 à 20 du bordereau :

« Le ministère de la guerre en a envoyé un nombre fixe *dans les corps* ET CES CORPS en sont responsables... »

Un Français eût écrit :

Le ministère de la guerre en a envoyé un nombre déterminé aux corps, qui en sont responsables.

Or, dans le style d'Esterhazy, on retrouve le même emploi vicieux d'adjectifs démonstratifs, usités sans besoin ni nécessité. La lettre

Deltrien, de trois pages et demie, contient dix-huit adjectifs démonstratifs, sans compter les pronoms du même genre.

Là comme dans le bordereau, s'observe l'identique répétition vicieuse du mot précédé de l'adjectif démonstratif :

Bordereau :	*Esterhazy :* (Page 3, lignes 14 et 15.)
Le ministère de la guerre en a envoyé un nombre fixe *dans les corps et* CES *corps* en sont responsables.	Vous me parlez DES HÉRITIERS de M. Belly, il est donc mort ? Je pense que CES *héritiers* doivent être au courant de toute *cette* histoire car il était voisin, je crois, de *cette* Mme Deltrien...

k) Une autre particularité du style épistolaire est commune à Esterhazy et à l'auteur du bordereau.

Le plus souvent, Esterhazy ne place pas en tête de sa lettre le titre d'usage « Monsieur ». Il l'intercale dans la première phrase. Cet idiotisme du style d'Esterhazy se retrouve précisément dans le bordereau. Là aussi, le titre « Monsieur » est intercalé dans la première phrase :

Bordereau :	*Esterhazy :*
Sans nouvelles m'indiquant que vous désirez me voir, je vous adresse cependant, *Monsieur,* quelques renseignements intéressants.	Je reçois, *Monsieur*, avec surprise la lettre que avez bien voulu m'adresser. Je crois devoir vous donner quelques explications.

l) Au point de vue du style, l'auteur du bordereau et Esterhazy se signalent par une même incohérence. Chez l'un et chez l'autre, on observe des hachures de phrases ; tous deux ont le même esprit trouble et fumeux ; tous deux noient la proposition principale dans un fatras de propositions incidentes ; tous deux sont également incapables de construire une phrase convenable. Tous deux font un même abus des locutions conjonctives et des pronoms relatifs :

Bordereau :	*Esterhazy :*
... *Si donc* vous voulez y prendre ce *qui* vous intéresse et le tenir à ma disposition [après], [je le prendrai], *à moins que* vous ne vouliez *que* le fasse copier in extenso et [ne] vous en adresse la copie.	Sur explications, je dis à ce Monsieur *qui* m'apprit *qu*'il était ancien officier ce *qu*'il en était, pensant *qu*'il suffirait de ces informations pour *qu*'il se refusât à prêter les mains *à quoi que* ce soit *qui* touchât à ces manœuvres.

Remarquez le style filandreux et fumeux du bordereau et des écrits d'Esterhazy. L'auteur du bordereau emploie, par exemple, dix-sept lignes — c'est-à-dire plus de la moitié du bordereau — pour annoncer la livraison du projet de manuel de tir de l'artillerie de campagne. La rédaction est si trouble, si incohérente, d'un style si confus qu'il est impossible de savoir si le document est copié, promis ou livré. Or, on retrouve chez Esterhazy un identique brouillamini de propositions au style amphygourique, accompagnées d'incohérences invraisemblables. Lisez sa lettre Deltrien (p. 1, l. 12) : « ... Elle eut comme agent conscient ou inconscient (il l'a dit du moins). . »

Voyez-vous ce sieur Belly qui s'avoue et se reconnaît l'agent *inconscient* de la dame Deltrien !...

Ailleurs, Esterhazy affirme que les héritiers de M. Belly doivent connaître tous les détails de certain chantage; il pense qu'ils étaient en relations suivies avec Mme Belly, etc., etc. Puis, aussitôt, il demande qu'on lui indique les héritiers et leur adresse. En fait, Esterhazy en arrive à ignorer l'existence de personnes dont il connaîtrait les relations! Les incohérences de ce genre abondent chez Esterhazy.

m) Le bordereau, ligne 30, contient enfin une expression vicieuse bien caractéristique :

Je vais partir EN *manœuvres.*

La tournure n'est ni française, ni allemande. Un véritable « uhlan », écrirait : *Ich gehe* ZUM *manœver*, et non : IN *manœver*; de même qu'un Français nationalisé, vrai et authentique, écrirait : *Je pars* AUX *manœuvres* ou POUR *les manœuvres.*

Cependant, si la tournure de phrase du bordereau n'est ni allemande, ni française, le hasard malencontreux fait que cette tournure est particulière, non à Dreyfus, mais à Esterhazy.

Le bordereau, d'après la révélation d'Esterhazy, fut envoyé en avril 1894. Or, à une date voisine, le 20 mai 1894, Esterhazy écrivait :

Je pars EN *manœuvres de brigade demain.*

Le *en manœuvres* à lui seul suffirait pour attribuer avec certitude à Esterhazy la paternité du bordereau.

Ainsi, toutes les particularités, les traits les plus caractéristiques du style d'Esterhazy se retrouvent tout entiers dans les trente lignes du bordereau; on y aperçoit les mêmes minuties orthographiques, d'identiques vices de style, de semblables germanismes, de mêmes incohérences établissant que les phrases du bordereau comme celles d'Esterhazy, sortent du creuset d'un cerveau fonctionnant à la uhlan. Le bordereau et les lettres d'Esterhazy sont l'œuvre d'un homme pensant en allemand et subissant l'étreinte d'une éducation littéraire allemande.

IV. — DU STYLE

Si maintenant nous en arrivons à analyser les lettres de Dreyfus et d'Esterhazy, non plus au point de vue étroit des règles grammaticales et syntaxiques, mais quant au fond de la pensée et à l'expression des sentiments eux-mêmes, le contraste devient effrayant.

Tout le système de défense d'Esterhazy dans l'affaire Dreyfus est loin d'être nouveau. Il appartient à son système habituel. Sa lettre Deltrien nous le fait connaître trois ans à l'avance : « Tentatives de chantage... Indignes manœuvres... Extorqua argent... Subi exploitations... Falsifia signature .. Odieux chantage... Billet faux... Refusais de payer... Expertise... Fausseté du titre... Ne voulus pas cependant porter plainte... Ces gens mis en demeure réduits au silence... » On retrouve là toute la pensée d'Esterhazy, protégé de l'état-major.

Dreyfus est riche, mais ne fait aucune opération financière. Esterhazy vit d'expédients, et des centaines de ses lettres n'ont trait qu'à des tripotages bourseux.

Dreyfus n'a cessé d'exprimer les pensées les plus élevées; les sentiments les plus purs guident sa conscience droite et fière. Au moment de sa dégradation, son attitude est celle d'un héros. *Vive la France!* est sa réponse aux insultes des lâches. Quand, avant son départ pour la déportation, on lui demande s'il n'a pas de faveur à solliciter, il écrit au ministre : *Je n'ai pas de grâce à demander, puisque je suis un condamné; mais j'ai toujours le droit de demander la justice; moi parti, qu'on cherche encore*... Et puis, faisant allusion à cette lettre, il écrit à sa femme : *Je te l'ai dit, j'ai légué à ceux qui m'ont fait condamner un devoir auquel ils ne failliront pas, j'en ai l'absolue certitude*..

Les lettres de Dreyfus ne contiennent jamais un mot de haine, jamais un cri de colère contre ses bourreaux, mais expriment toujours la fière révolte d'une conscience honnête et sans tache contre l'odieux d'une iniquité infernale; toujours aussi, on y sent percer l'espoir confiant de l'innocence opprimée en l'immanente et éternelle justice.

Esterhazy, au contraire, a le mépris des choses les plus saintes. La famille, il l'ignore. Il a abandonné femme et enfants pour vivre maritalement avec sa maîtresse, un quart de mondaine.

Pour lui, le généralissime de l'armée française, le général Saussier, est un « clown », dont les Allemands ne voudraient pas dans leurs cirques. Ailleurs, il écrit que *si on lui propose un grade qui lui convienne, il partira, mais qu'il ne s'en ira pas sans avoir fait à toutes ces canailles une plaisanterie de sa façon*. Dans la lettre du uhlan, Esterhazy se déclare convaincu que *ce peuple* (français) *ne vaut pas la cartouche pour le tuer*. Il regrette d'*avoir remis les pieds dans cette France maudite* et *serait certainement parfaitement heureux si on lui disait qu'il serait tué demain comme capitaine de uhlans en sabrant des Français*. Il s'avoue *capable de crimes, si cela pouvait le venger*. Il *ne ferait pas de mal à un petit chien, mais ferait tuer avec plaisir cent mille Français*. Il *rêve une fête où il puisse voir Paris, dans un rouge soleil de bataille, pris d'assaut et livré au pillage de cent mille soldats ivres*.

Pour commettre un acte de trahison envers son pays et faire le métier d'espion, l'homme doit avoir le sens moral oblitéré. Il doit être dévoyé, oublieux de tout sentiment du devoir ; son âme de boue, vile et méprisable, capable de tous les crimes, doit être accessible à la vengeance et à la haine ; le traître, capable de livrer les siens, doit dédaigner et mépriser profondément sa patrie.

Or, l'ensemble des lettres de Dreyfus prouve que le malheureux capitaine possède une belle âme, droite, noble, chevaleresque. Dreyfus est un honnête homme, bon mari, père d'élite, frère dévoué, soldat loyal et courageux. Au contraire, dans la correspondance d'Esterhazy la psychologie du traître se révèle tout entière, depuis les plus sales tripotages d'argent, les escroqueries au détriment de parents, jusqu'au mépris de la patrie. Or, le style, c'est l'homme.

VII

ANALYSE GRAPHOLOGIQUE

Plusieurs mois avant que l'auteur du bordereau ait été dénoncé, sans connaître et sans pouvoir même soupçonner le nom du comte Walsin-Esterhazy, des graphologues compétents ont dépeint sous ces traits l'anonyme du bordereau et établi ce parallèle entre lui et le capitaine Dreyfus.

« L'écriture du bordereau, écrivait M. Bridier, montre par l'agitation poussée jusqu'au tremblement, que le scripteur est affecté de troubles cardiaques ou pulmonaires, ou subit la tare de l'alcoolisme... Les points et les traits épars dans le graphisme, sans qu'ils aient une raison d'être, permettent d'attribuer l'écrit soit à un bossu, soit à un malade atteint d'affection cardiaque ou de troubles de la respiration (1). »

» Chez Dreyfus, écrit M. de Rougemont de Neuchâtel, la volonté est vive, facilement irritée ; chez X... (l'auteur du bordereau), elle est avant tout réfléchie.

» Dreyfus est une nature aimable, fortement aimant, capable même de grands dévouements. La forme, chez lui, est sèche, cassante : il a pu se faire des ennemis.

» Plus jeune que X..., Dreyfus a un besoin intense de vie et d'action. Il semble être constamment plus ou moins sous pression. Il a le sang chaud et parfois part comme un bouchon de champagne. Il n'y va pas par deux chemins. Les compliments et la flatterie ne sont pas son fait. Il est fier, conscient de sa force et comme les gens à qui la vie sourit, il s'admire

(1) *L'Affaire Dreyfus*, par Bernard Lazare. Rapport Bridier, pp. 108, 110.

quelque peu. Le capitaine Dreyfus s'efforce de se dominer. Etant très intelligent, capable, positif, pratique, l'expérience de la vie lui a fait sentir le danger d'un naturel de premier mouvement comme le sien.

» X..., lui, est bien plutôt un fourbe qui se cache. Et cependant, il n'est pas un être vulgaire, loin de là. Il a conservé des dehors absolument corrects et donne ainsi le change. Il est d'ailleurs éminemment doué. Le sens esthétique, la simplicité de bon aloi qui se dégagent de ses belles majuscules et de plusieurs de ses minuscules nous en font foi et nous disent un esprit fort cultivé. Il agit avec une prudence extrême et préméditation, et possède une souplesse, une habileté de dissimulation rares. Fait étrange, il n'est ni un avide ni un cupide, bien plutôt un dévoyé. Son écriture laisse l'impression d'une intelligence de premier ordre, mais d'un caractère moral en bon train de faire naufrage complet. Il n'est point heureux, le traître! Son écriture nous indique un malaise, un mécontentement, des tristesses secrètes, la déchéance.

» Chez le capitaine Dreyfus, tout est ardeur, sève de jeunesse, espoir et bonheur; c'est un loyal soldat, un sensitif de premier ordre. Il a subi des moments d'indignation, d'irritation extrême, de désespoir, mais il ne se sera pas abandonné, car la dernière note de son être est une ténacité et une énergie quasi-indomptables.

» Le capitaine Dreyfus, spontané, plein de vie et d'action, est tout d'une pièce, tout d'un jet.

» L'autre, le traître X..., est un être double; tout chez lui est réflexion, calcul, incohérence, contrastes surprenants (1). »

Voici maintenant la différenciation graphologique tracée par J. Crépieux-Janin, l'auteur si distingué de l'*Ecriture et le caractère* :

« L'écriture de Dreyfus révèle une intelligence assez vive, débrouillarde, capable de s'élever jusqu'au talent, pourvu que ce soit dans une seule direction.

» Son caractère est tout à la fois très sensible, très renfermé, presque insaisissable. Il a quelque chose de dur et de hautain qui éloigne la sympathie affectueuse. Il est doué d'une énergie et d'une persévérance remarquables.

» L'écriture de X... nous dit une intelligence peut-être aussi cultivée que celle de Dreyfus, mais un esprit faux et illogique : ce qui est le contraire des qualités de Dreyfus. Son émotivité est extrême. C'est une nature fausse, menteuse, profondément antipathique. Son énergie est faible, inconstante, et ses passions se trouvent à la merci des caprices de son imagination et de son jugement médiocre.

» Entre les deux hommes, il y a une différence fondamentale : Dreyfus

---

(1) *L'Affaire Dreyfus.* Rapport de M. de Rougemont, pp. 155, 156.

est médiocrement sociable, mais il est un caractère; X..., l'auteur du bordereau, est plus en dehors, mais extrêmement fourbe, dangereux et sans caractère (1). »

Tel est le portrait de X...

Tous ceux qui connaissent à présent M. le comte Walsin-Esterhazy, peuvent apprécier par eux-mêmes si la ressemblance est frappante...

VIII

CONSTATATIONS TECHNIQUES

Le « bordereau » annonce la livraison à M. de Schwartzkoppen de quatre « notes » de « renseignements » et d'un « document ». Esterhazy, pour sa défense, a déclaré qu'il lui eût été impossible de se procurer les documents livrés. Les généraux de Pellieux et Gonse sont venus affirmer au procès Zola que les documents vendus par le traître étaient *de la plus haute importance* et présentaient un caractère confidentiel absolu (2). Le traître, d'après eux, devait avoir été un officier d'artillerie attaché aux bureaux de la guerre et « stagiaire », ayant passé par le *premier*, le *troisième* et le *quatrième* bureau de l'état-major (3). Or, Dreyfus, au moment de son arrestation, n'était pas encore passé au *troisième* bureau. Il appartenait au *second* bureau, qui s'occupe des armées étrangères. Il n'aurait pu, en trahissant, que faire connaître l'état des connaissances de l'état-major français quant à l'organisation des armées étrangères (4).

Voyons, au point de vue technique, quels peuvent être et le caractère et la valeur des pièces énumérées dans le bordereau. Laissons d'abord la parole aux accusateurs de Dreyfus. Le tissu de contradictions de leurs dires enlève toute autorité à leurs affirmations.

---

(1) *L'Affaire Dreyfus*. Rapport de M. J. Crépieux-Jamin, p. 100.

(2) Cette appréciation des généraux de Pellieux et Gonse est démentie par une communication officieuse du Gouvernement français, que l'*Agence Havas* transmit à toute la presse au moment de l'arrestation de Dreyfus. Voici ce communiqué : « Des *présomptions* sérieuses ont motivé l'arrestation *provisoire* d'un officier de l'armée française *soupçonné* d'avoir communiqué à des étrangers quelques documents *peu importants*, mais confidentiels. L'instruction se poursuit avec la discrétion que comportent les affaires de ce genre... »

(3) *Procès Zola*, t. II, p. 116.

(4) *Id.*, p. 117. Déclaration du colonel Picquart.

1º Note sur le frein hydraulique du 120.

Général Gonse :

« Note de la plus haute importance... Renseignements tout à fait confidentiels et extrêmement techniques, qu'un officier d'artillerie a seul pu livrer. Personnellement, je ne connais rien de ce frein et de cette pièce, que je n'ai jamais vu tirer... »

(*Procès Zola*, t. II, pp. 108, 109. Audience du 17 février 1898.)

Commandant Esterhazy :

Tout le monde peut se procurer des renseignements sur le frein hydraulique, dans toutes les librairies militaires, pour 1 fr. 75.

(*Affaire Esterhazy*. Compte-rendu sténographique, p. 129. Audience du 10 janvier 1898.)

2º Note sur les troupes de couverture (quelques modifications seront apportées par le nouveau plan).

Général Gonse :

... Au mois d'avril ou au commencement de 1894, on a refait à l'État-major de l'armée *les plans de transport des troupes de couverture*. Il n'y a qu'un officier de l'état-major général de l'armée qui pouvait connaître ces modifications...

(*Procès Zola*, t. II, pp. 109, 110. Audience du 17 février 1898.)

B. d'Ormescheville :

Il nous paraît impossible que le capitaine Dreyfus n'ait pas eu connaissance des modifications apportées *au fonctionnement du commandement des troupes de couverture* le fait ayant eu un caractère confidentiel, mais non absolument secret et les officiers employés à l'état-major de l'armée ayant, par suite, pu s'en entretenir entre eux et en sa présence.

(*Acte d'accusation contre le capitaine Dreyfus*, 9 décembre 1894.)

Colonel Picquart :

La manière dont ce paragraphe est libellé montre qu'il s'agit de quelqu'un qui n'était pas de la maison... La personne qui a écrit le bordereau faisait allusion aux modifications apportées à l'organisation des troupes de couverture vers avril 1894. Or, *ces modifications devaient être définitives et devaient rester telles quelles avec le nouveau plan ;* au moment de la rédaction du bordereau, elles étaient *définitives*, j'en sais quelque chose, puisque c'est moi qui les ai rédigées...

(*Procès Zola*, t. II, p. 112.)

3º Une note sur une modification aux formations de l'artillerie.

Général de Pellieux :

Comment voulez-vous que le commandant Esterhazy ait su qu'il y avait des modifications proposées aux formations de l'artillerie? Où voulez-vous qu'il ait appris cela?

(*Procès Zola*, t. II, p. 11, 16 février 1898.)

Colonel Picquart :

Cette modification aux formations de l'artillerie a fait l'objet d'un projet de loi et a été, avant qu'elle arrivât au jour, à la connaissance d'un grand nombre de sénateurs, de députés, de journalistes. Eh bien, ce n'est un mystère pour personne qu'Esterhazy connaissait des députés — et je puis le prouver — et fréquentait les bureaux de rédaction.

(*Procès Zola*, t. II, p. 103, 17 février 1898.)

Général de Luxer :

... La note sur la nouvelle formation de l'artillerie a paru dans un rapport parlementaire du général Jung sur cette question, rapport qui fut distribué.

(*Affaire Esterhazy.* Interrogatoire d'Esterhazy, compte rendu, p. 130, 10 janvier 1898.)

Général de Pellieux :

Comment voulez-vous que le commandant Esterhazy ait su (*en août-septembre 1894*) (1) qu'il y avait des modifications proposées aux formations de l'artillerie ? Où voulez-vous qu'il ait appris cela ?

(*Procès Zola,* t. II, p. 11. Audience du 16 février 1898.)

Réponse d'un pékin ignorant :

Le *10 mars 1894*, le projet de loi relatif à l'organisation de l'artillerie et du génie, parlant de la « suppression des pontonniers » et des « modifications en résultant » fut déposé sur le bureau de la Chambre française. La commission de l'armée en fut saisie le *14 mars 1894* et la distribution du projet fut ordonnée aux députés, aux sénateurs, aux membres de la presse de France, de Navarre et de l'étranger. Un seul exemplaire fut oublié, celui du général de Pellieux. Peut-être Esterhazy l'avait-il intercepté !...

Général de Pellieux :

Je regrette, Messieurs, d'être obligé d'insister là-dessus. Comment voulez-vous que le commandant Esterhazy ait su qu'il y avait des modifications proposées aux formations de l'artillerie? Où voulez-vous qu'il ait appris cela ? Il n'y a pas d'artillerie en garnison à Rouen. Je ne comprends pas.

(*Procès Zola,* audience du 16 février 1898. Compte rendu *in extenso*, t. II, p. 11.)

Réponse officielle :

Les modifications aux formations de l'artillerie ont fait l'objet d'un projet de loi, déposé au Parlement français, au nom de M. le Président Carnot, par le général Mercier. Ce projet qui porte pour titre : *Projet de loi relatif aux modifications à apporter à l'organisation de l'artillerie et du génie*, fut déposé à la Chambre des députés à la séance du samedi 10 mars 1894. Le projet, accompagné d'un exposé des motifs complet, fut immédiatement imprimé et distribué.

Voyez :

Annales de la Chambre des députés. Documents parlementaires, t. XLIII. — Session ordinaire de 1894, t. I (du 9 janvier au 17 mars 1894), pp. 397-399. Annexe nº 491 à la séance de la Chambre du 10 mars 1894.

—

Le projet fut renvoyé à la Commission de l'armée, qui se réunit dès le 14 mars. De cette commission firent partie :

MM. Mézières, président; Jules Roche,

(1) Le bordereau date d'*avril-mai 1894*. L'état-major veut faire croire, contrairement à l'évidence, qu'il date du mois d'*août* ou *septembre 1894*.

baron Reille, vice-présidents; Le Hérissé Deloncle, Pourquery de Boisserin, secré taires; Antoine Périer, Levet, Duval, du Breil (c[te] de Pontbriand), Lebaudy, Jules Develle, marquis de Moustier, Dujardin-Beaumetz, comte de Lanjuinais, général Riu, baron Demarçay, lieutenant-colonel Guérin, Joseph Reinach, God. Cavaignac, Roger, Legludic, Guyot-Dessaigne, vicomte de Montfort, Thomson, général Jung, Etienne, Lannes de Montebello, marquis de la Ferronnays, Cornudet, Henri Brisson, Trélat, Chapu.

—

Après examen en commission, le projet fit l'objet d'un rapport parlementaire déposé au nom de la Commission de l'armée par le général Jung, à la séance de la Chambre des députés, le samedi 28 avril 1894.

Voyez :

Annales de la Chambre des députés. Documents parlementaires, t. XLIV. — Session ordinaire de 1894, t. II (du 24 avril au 28 juillet 1894), pp. 31-33. Annexe n° 577 à la séance du 28 avril 1894.

—

Ces documents se trouvaient dans toutes les bibliothèques publiques et dans les cercles importants de France et de l'étranger. Moyennant deux sous, on pouvait, dès le lendemain de leur dépôt à la Chambre, se les procurer à PARIS, *à l'Imprimerie des Journaux officiels, quai Voltaire, 31.*

Le général de Pellieux comprend-il?...

4° Une note relative à Madagascar.

Général de Pellieux :

Seul un OFFICIER du ministère de la guerre pouvait savoir que l'armée de terre participerait à l'expédition de Madagascar. C'est, en effet, vers *le 16 ou le 17* AOUT *1894* que la question a commencé à être agitée; le travail était seulement à peine ébauché. Le commandant Esterhazy, à Rouen, était dans l'impossibilité de sa-

B. d'Ormescheville :

Pour ce qui est de la note sur Madagascar, si, comme tout le faisait déjà prévoir, une expédition y avait été envoyée au commencement de 1895, le capitaine Dreyfus a pu facilement se la procurer. En effet, au mois de FÉVRIER *dernier* (1894), le CAPORAL *Bernolin*, alors secrétaire du colonel de Sancy, chef du 2e buvoir qu'une expédition à laquelle prendrait part une fraction de l'armée de terre, était en préparation...

(*Procès Zola*, t. II, pp. 11, 12.)

Général Gonse :

Le bordereau n'a pas de date. Il a dû être écrit vers le mois d'août, puisqu'il est question d'une note sur Madagascar et que cette note sur Madagascar est du mois d'AOUT 1894.

(*Procès Zola*, t. II, p. 111.)

reau de l'état-major, fit une copie d'un travail de vingt-deux pages sur Madagascar, dans l'antichambre contiguë au cabinet de cet officier supérieur. L'exécution de cette copie dura environ cinq jours; minute et copie furent laissées pendant ce temps dans un carton placé sur la table-bureau du CAPORAL. En son absence, le travail restait ouvert et pouvait par suite être lu...

(*Acte d'accusation contre Dreyfus*, 9 décembre 1894.)

Colonel Picquart :

... Il s'agit d'une « note » relative à Madagascar. Il ne s'agit pas du tout d'un projet de participation des troupes de l'armée de terre à une expédition à Madagascar. Rien n'est plus vague que ces mots : une note sur Madagascar. Rien ne dit que ce document eût un caractère militaire...

(*Procès Zola*, t. II, pp. 103, 104.)

Telles sont les quatre « notes » fournies à la puissance étrangère.

Il convient d'observer qu'il ne s'agit que de « notes » personnelles, d'une valeur nécessairement très relative, qu'Esterhazy était parfaitement à même de fournir. Le général Gonse a prétendu que ces notes visaient des sujets importants, sur lesquels elles apportaient des révélations sérieuses...

Lisez ce dialogue (1) :

Me LABORI. — Où voyez-vous cela ?

M. LE GÉNÉRAL GONSE. — C'est dans leur titre même. Je suppose que, dans ces notes, il y avait autre chose que des balivernes.

Me LABORI. — Alors je pose à M. le général Gonse cette question : Un traître est un homme qui livre des documents pour de l'argent; quand il livre un document sérieux, n'en fait-il pas ressortir toute l'importance, et quand il dit : *une note*, peut-on dire qu'il s'agit d'un *document*, et ne peut-on pas comprendre que c'est simplement une *note personnelle ?*

M. LE GÉNÉRAL GONSE. — Je n'ai rien à répondre sur ce sujet-là.

Me LABORI. — Voilà un premier point...

Eh bien, sur la valeur et l'importance de ces « notes », l'acte d'accusation contre Dreyfus va nous éclairer :

Il lui a suffi (à Dreyfus) *de se procurer, soit à la direction de l'artillerie, soit dans des conversations avec des officiers de son arme, les*

---

(1) *Procès Zola*, t. II, pp. 114, 115.

éléments nécessaires pour être en mesure de produire la note en question. (*Acte d'accusation de M. B. d'Ormescheville contre Dreyfus.*)

Et plus loin, à propos de la « note » sur les troupes de couverture, l'accusateur de Dreyfus écrit que le capitaine a pu avoir connaissance des modifications apportées au fonctionnement du commandement de ces troupes : *les officiers employés à l'état-major de l'armée ayant pu par suite s'en entretenir entre eux et en sa présence.*

C'est donc dans des morceaux d'entretiens privés, dans des bribes de conversation que Dreyfus aurait puisé les éléments nécessaires à la rédaction des notes qu'il fut accusé d'avoir fourni à l'Allemagne. Nous nous demandons alors pourquoi Esterhazy eût été incapable de rédiger semblables notes au moyen d'éléments identiques?

D'après l'accusateur de Dreyfus, M. B. d'Ormescheville, ces fameuses « notes » ne comportent en somme que des *renseignements recueillis d'une manière indiscrète dans des conversations entre officiers.*

Or, il est établi :

1° Qu'Esterhazy suivait, sans titre, les écoles à feu d'artillerie;

2° Qu'il s'est adressé à maintes reprises à des officiers pour obtenir des renseignements ou des documents relatifs à l'artillerie;

3° Que « s'il employait son temps à fumer des cigarettes sans s'occuper de ce qui se passait sur le terrain de tir », cela ne devait pas l'empêcher de recueillir personnellement ou *de auditu*, sur le terrain et après le tir, les observations des officiers.

*
* *

Un seul document fut livré à la puissance étrangère :

5° Le projet de manuel de tir de l'artillerie de campagne (14 mars 1894).

Ce dernier document est extrêmement difficile à se procurer, et je ne puis l'avoir à ma disposition que très peu de jours. Le ministère de la guerre en a envoyé un nombre fixe dans les corps et ces corps en sont responsables. Chaque officier détenteur doit remettre le sien après les manœuvres. Si donc vous voulez y prendre ce qui vous intéresse et le tenir à ma disposition après, je le prendrai, à moins que vous ne vouliez que je le fasse copier *in extenso* et ne vous en adresse la copie.

L'examen attentif de ce passage du bordereau nous suggère les observations suivantes :

a) Jamais Dreyfus, capitaine breveté d'artillerie, stagiaire à l'état-major, attaché aux bureaux de la guerre, n'aurait pu dire semblable chose. Rien n'eût été plus facile pour lui que d'obtenir ce document, puisqu'il était à la source; il lui suffisait d'y puiser sans avoir à solliciter d'un officier de régiment le prêt du projet de manuel pour quelques jours. Il n'aurait donc jamais dit : « Le ministère en a envoyé un nombre fixe dans les corps », attendu que ce n'est pas un exemplaire envoyé dans les corps qu'il aurait eu à sa disposition.

b) La rédaction de ce passage du bordereau montre que le traître ne peut être un officier d'artillerie. Un officier d'artillerie eût écrit : *Le ministère de la guerre* NOUS *en a envoyé un nombre fixe*..., ou *en a envoyé un nombre fixe dans* NOS *corps* ». Jamais, en parlant de son propre corps, de sa propre arme, il n'eût dit : « Le ministère en a envoyé un nombre fixe dans les corps et CES corps en sont responsables. » CES *corps* indique que l'envoi a été fait à des corps étrangers à celui du scripteur du bordereau. L'auteur du bordereau ne peut donc être un officier d'artillerie.

c) L'auteur du bordereau s'est servi d'un exemplaire du projet de manuel de tir qu'un officier détenteur ou un dépositaire a eu l'obligeance ou l'indélicatesse de lui prêter, avant ou pendant les exercices des écoles à feu. Il n'a pu « l'avoir à sa disposition que très peu de jours ». Dreyfus, qui se serait servi d'un exemplaire du ministère, aurait pu le conserver aussi longtemps qu'il l'aurait voulu. Quant à Esterhazy, bien que ce ne fût pas son tour, il se rendit en août 1894 aux écoles à feu d'artillerie du camp de Châlons. Le lieutenant Bernheim lui prêta un manuel du tir de position. Un autre officier peut lui avoir prêté le document dont parle le bordereau. Cela n'a rien d'impossible. L'homme le mieux qualifié pour nous renseigner, Esterhazy va lui-même nous répondre :

« Quand j'ai vu le bordereau, j'ai cru que j'avais pu avoir ce document; mais, en réalité, je ne l'ai pas eu (1). »

Esterhazy reconnaît ainsi lui-même qu'il ne lui était aucunement impossible de se procurer le projet de manuel de tir de l'artillerie de campagne.

d) Le contexte nous indique que le bordereau émane d'un officier ayant à sa disposition un secrétaire à poste fixe, et pouvant ainsi faire copier des documents *in extenso*.

Or, il est établi que le commandant Esterhazy, remplissant les fonctions de *major* au 74e d'infanterie, avait à sa disposition un secrétaire, en raison de la nature de ses fonctions; qu'ensuite, toujours, il a fait copier par des secrétaires de nombreux documents, notamment des documents d'artillerie.

e) Si, pour Dreyfus, il était on ne peut plus facile de se procurer le

(1) *Affaire Esterhazy*, audience du 10 janvier 1898. Compte rendu sténographique. Édition Yves Guyot, p. 131.

projet de manuel de tir de l'artillerie de campagne, il en était tout autrement pour Esterhazy. Pourquoi cela?

D'abord, parce qu'Esterhazy était officier d'infanterie; ensuite, parce que la garnison de Rouen ne possède pas d'artillerie et qu'Esterhazy a dû s'adresser à un officier d'artillerie en garnison dans une autre ville, a dû demander sans doute ce projet à un camarade de l'artillerie de Paris, lors d'un de ses fréquents séjours dans la capitale, ou se servir d'un exemplaire dérobé soit à l'imprimerie, soit lors de l'expédition des exemplaires aux différents corps; enfin, parce qu'Esterhazy n'était pas désigné pour participer aux écoles à feu de 1894 et que c'est sans droit qu'il y a pris part, et que, pour s'y rendre, il a dû inventer un prétexte.

La phrase : « ce dernier document est extrêmement difficile à se procurer », serait incompréhensible, si le bordereau émanait de Dreyfus. Elle est d'une clarté limpide, quand on l'applique à Esterhazy.

f) La dernière ligne du bordereau est non moins suggestive :

« *Je vais partir* EN *manœuvres.* »

Dans les bureaux du ministère de la guerre, on a toujours affirmé que le bordereau était parvenu au bureau des renseignements en *avril* ou *mai* 1894. On cherche aujourd'hui à contester cette date. On prétend maintenant qu'il est arrivé au ministère à la fin de *septembre* 1894. D'après les règles de la critique historique et logique, rien n'est plus aisé que de démontrer que le bordereau ne peut pas dater de septembre 1894; qu'au contraire il a dû non seulement avoir été écrit, mais encore avoir été intercepté vers le mois d'avril ou mai 1894. Or, au printemps 1894, Dreyfus n'a pris part à aucune espèce de manœuvres, tandis qu'au mois de mai 1894, Esterhazy a participé aux manœuvres de brigade avec cadres, auxquelles généralement les chefs de bataillon seuls participent, et alors que les « majors » n'y prennent point part (1).

g) Une série d'autres éléments, de nuances, démontrent que le bordereau ne peut émaner d'un officier d'artillerie. On y lit :

1° *Une note sur le frein hydraulique du 120 et la manière dont s'est conduite cette pièce.*

Cette phrase renferme deux fautes et peut-être une hérésie technique.

Deux fautes :

a) Un officier d'artillerie n'eût jamais écrit une *pièce* pour désigner un type de canon.

b) De plus, un capitaine breveté d'artillerie, stagiaire d'état-major, n'écrirait jamais qu'une pièce *se conduit*. L'expression technique consacrée est : « se comporte ».

(1) *Procès Zola*, déposition du colonel Picquart, t. II, pp. 104, 105. Dans une lettre découverte récemment et que l'*Aurore* a publiée le 28 juillet 1898, le commandant Esterhazy écrivait, le 20 MAI 1894 : « *Je pars demain en manœuvres de brigade...* »

c) Un officier étranger à l'artillerie a seul pu commettre l'hérésie de parler du « *frein hydraulique* ». Le « frein hydraulique » est mentionné dans le règlement des bouches à feu de 1889. A diverses expositions internationales antérieures à 1894, les expériences relatives au frein hydraulique se faisaient sous les yeux du public dans la section d'art militaire. En avril 1894, le « frein hydraulique » était archi-connu non seulement des techniciens d'artillerie, mais même de maints profanes instruits. Si c'est de ce frein qu'il s'agit, la note est en retard. Il s'agit sans nul doute du *frein hydropneumatique*, mentionné dans le règlement de 1895. Ce frein-là était connu des officiers d'artillerie AVANT 1894.

La note sur le *frein hydraulique* en 1894 ne peut donc provenir que d'un officier capable de confondre le *frein hydropneumatique* avec le *frein hydraulique*, ou capable de considérer en 1894 comme une nouveauté, une chose vieille de cinq ans, et peu au courant par conséquent des choses d'artillerie.

Il résulte aujourd'hui de cet ensemble de faits avérés et reconnus que le bordereau ne peut émaner ni d'un officier d'état-major attaché aux bureaux de la guerre, ni d'un officier d'artillerie.

IX

L'AUTEUR DU BORDEREAU

Nous avons montré les similitudes absolues que tout juge impartial aperçoit sans loupe, à l'œil nu, entre le bordereau et l'écriture et le style d'Esterhazy. Nous savons aujourd'hui, par les débats du procès Zola, que le commandant Esterhazy fut démasqué par trois voies différentes :

1° Par le « petit bleu » adressé à Esterhazy, émanant d'un personnage étranger, et intercepté, en mai 1896, par le même agent qui avait remis le bordereau au ministère de la guerre ;

2° Par l'enquête Scheurer-Kestner ;

3° Par la reconnaissance fortuite de l'identité des écritures faite en novembre 1897 par M. de Castro, banquier d'Esterhazy.

En annihilant ces éléments révélateurs, en les supposant inexistants, encore serait-il bien aisé de découvrir et de retrouver l'auteur du bordereau, d'après l'analyse seule de la pièce criminelle.

Le colonel Picquart, chef du bureau des renseignements, apprend par l'un de ses agents qu'un officier supérieur, qu'un chef de bataillon, décoré, âgé d'environ cinquante ans, fournit à une puissance étrangère des documents d'une nature spéciale, surtout des documents d'artillerie et de tir. Admettons qu'Esterhazy ne se soit pas trouvé dénoncé par les fragments du « petit bleu ». Demandons-nous, par l'examen seul du bordereau, quel pourrait être cet officier? Les trente lignes de la pièce incriminée répondent que ce chef de bataillon est et ne peut être autre que le commandant comte Walsin-Esterhazy (1).

En effet, la dissection du bordereau au point de vue technique, graphique, graphologique, littéraire et logique désigne comme auteur, un officier réunissant les conditions suivantes :

1° Un officier de troupe et non un officier des bureaux de l'état-major;

2° Un officier d'un corps étranger à l'arme de l'artillerie;

3° Un officier d'un grade ou d'une fonction qui lui assurait l'usage d'un secrétaire;

4° Un officier qui allait prendre part à des manœuvres au moment où le bordereau a été écrit, au printemps de l'année 1894;

5° Un homme capable par la « VARIÉTÉ de ses connaissances » de fournir une « VARIÉTÉ de notes de renseignements intéressants »;

6° Un officier toujours à l'affût de renseignements d'artillerie et de tir;

7° Un scripteur plus âgé que Dreyfus (*a*);

8° Une personne atteinte d'une maladie des voies respiratoires ou d'une affection cardiaque (*b*);

9° Un homme présentant au point de vue psycho-physiologique, notamment la particularité d'avoir un geste scriptural dextrogyre accentué avec atrophie des courbes sinistrogyres centrifuges et tendance à transformer ces courbes en traits dextrogyres;

10° Une personne — non myope — possédant un œil de fonction et de réfraction telles que deux tiers des lignes de ses écrits présentent dans leur tracé complet une courbe concave ou creusée;

11° Un homme que ses germanismes désignent comme possédant un cerveau pensant à l'allemande, en raison d'une éducation littéraire reçue en Allemagne, à l'âge où les idées s'acquièrent et où se forme le style;

12° Un homme dévoyé, fourbe, dissimulateur, dangereux, à l'esprit

---

(1) « Le commandant Esterhazy était un homme toujours à court d'argent et qui avait eu bien des accrocs dans son existence. Il y avait toujours dans ses allures quelque chose d'étrange. Cet officier, qui était loin de s'occuper exclusivement de son métier, manifestait cependant une curiosité très grande pour tous les documents confidentiels présentant un intérêt au point de vue militaire. Un de mes camarades, qui avait servi dans le même régiment qu'Esterhazy, m'avait révélé qu'Esterhazy recherchait surtout *tels ou tels documents*. Or, ce sont précisément des documents de cette nature qu'un de nos agents nous avait dit être livrés à une puissance étrangère par un officier supérieur. » Voyez la déposition du colonel Picquart, PROCÈS ZOLA, t. I, pp. 285, 286. — T. II, pp. 102 et suivantes.

(*a*) Rapport de M. DE ROUGEMONT (de Neuchâtel, p. 155. Il convient de noter que ces observations furent faites d'après le bordereau, bien avant que le nom d'Esterhazy ait été prononcé.

(*b*) Rapport de M. GUSTAVE BRIDIER, pp. 108, 109. En faisant ces constatations, M. Bridier ne connaissait et ne pouvait connaître que Dreyfus et l'X*** du bordereau.

illogique et faux, à la merci de ses passions, sans caractère, d'une énergie faible, d'un jugement médiocre (c);

13° Un traître, donc un homme à court d'argent, capable de « commettre des crimes pour se venger », ayant à maintes reprises exprimé son mépris pour la France, un homme « capable de tout ».

Qu'on recherche dans l'armée française non seulement parmi les chefs de bataillon et parmi les officiers supérieurs d'infanterie; qu'on cherche même parmi les officiers de tous grades et de toutes armes!... Il serait impossible de trouver entre les vingt-deux mille officiers de l'armée française un second échantillon qui pût répondre à l'ensemble des conditions que doit fatalement réunir l'auteur du bordereau, suivant les indications précises de la lettre et de l'esprit de cette pièce.

Il y a Esterhazy, « officier supérieur », « décoré », « chef de bataillon » d'infanterie, aux allures étranges, avide de renseignements confidentiels spéciaux qui sont précisément ceux livrés à une puissance étrangère. (Déclaration du colonel Picquart.)

Il y a Esterhazy, officier d'infanterie, qui, sous prétexte de donner des conférences à son régiment, ne cesse de solliciter des renseignements relatifs à l'artillerie et au tir, va deux fois aux écoles à feu d'artillerie, y retourne une troisième fois, à ses frais, sans indemnité, alors qu'on lui a objecté que ce n'était plus son tour (1).

Il y a Esterhazy, officier D'INFANTERIE en garnison à ROUEN, pour qui il devait être *extrêmement difficile* de se procurer le projet de manuel de tir de L'ARTILLERIE de campagne, attendu que la ville de Rouen ne possède pas d'artillerie dans sa garnison.

Il y a Esterhazy, major au 74e d'infanterie, qui, en raison de son grade et de ses fonctions spéciales, avait à sa disposition un secrétaire à poste fixe, était à même de « faire copier des documents *in extenso* », et, en fait, a chargé des secrétaires de copier à diverses reprises des documents concernant l'artillerie.

Il y a Esterhazy qui sans titre se rendait sur les champs de tir d'artillerie, y « passait son temps à fumer des cigarettes », (2) pour écouter sans doute d'un air innocent les observations des officiers et en faire des « notes » de « renseignements intéressants ».

Il y a Esterhazy qui, après l'avoir formellement nié, a dû finir par reconnaître que, au printemps de 1894, il a pris part à des manœuvres de brigade avec cadres. Il s'y est en effet rendu le 21 mai 1894, alors

(c) Portrait graphologique de l'X*** du bordereau fait par MM. J. CRÉPIEUX-JAMIN et DE ROUGEMONT, plusieurs mois avant la dénonciation d'Esterhazy. Voy. l'*Affaire Dreyfus*, rapports d'expertise, pp. 100, 155, 156.

(1) *Procès Zola*, compte rendu *in extenso*, t. II, pp. 102, 103.

(2) *Id.*, t. II, p. 117.

que Dreyfus, il convient de le rappeler, n'a pris part à cette époque à aucune espèce de manœuvres.

Il y a Esterhazy capable de fournir une VARIÉTÉ DE NOTES (acte d'accusation d'Ormescheville), en raison de la VARIÉTÉ DE SES CONNAISSANCES PERSONNELLES vantée par son général de division dans les notes de service.

Il y a Esterhazy, plus âgé que Dreyfus, et âgé précisément de cinquante ans, comme l'homme dénoncé au bureau des renseignements.

Il y a Esterhazy, atteint, comme l'auteur du bordereau, d'une affection des voies respiratoires.

Il y a Esterhazy dont le geste scriptural est identique à celui de l'anonyme du bordereau, présentant les mêmes déformations de traits, les mêmes anomalies de liaisons des lettres.

Il y a Esterhazy dont l'œil est identique à celui du scripteur du bordereau.

Il y a Esterhazy dont l'écriture fournit un tracé de deux tiers de lignes concaves ou creusées, comme dans le bordereau.

Il y a Esterhazy, l'écrivain aux germanismes du bordereau, qui, né à Paris, a fait ses études secondaires à Heidelberg, dans le grand-duché de Bade (Allemagne), tandis que Dreyfus, au style correct et bien français, né à Carpentras (Vaucluse), a fait ses études à Paris, au collège Chaptal et à Sainte-Barbe, puis a été reçu à l'École Polytechnique, à l'École d'application et à l'École de guerre.

Il y a Esterhazy, au caractère moral connu, à l'esprit faux et illogique, Esterhazy qui a abandonné femme et enfants pour vivre maritalement avec la fille Pays.

Il y a Esterhazy, le dévoyé, l'homme aux tripotages bourseux.

Il y a Esterhazy, aux yeux de qui le général Saussier, généralissime de l'armée française, n'est qu'un « clown », dont les Prussiens ne voudraient pas dans leurs cirques.

Il y a Esterhazy, l'ancien zouave du pape, qui n'a pénétré dans les cadres de l'armée française qu'en sortant des rangs de la « légion étrangère. »

Il y a Esterhazy qui, dans ses lettres, se déclare « capable de commettre un crime pour se venger », méprise « cette France maudite » et rêve voir Paris au milieu des sinistres rougeurs de l'incendie, livré au pillage de cent mille soldats ivres.

Il y a Esterhazy, le uhlan ; il y a Esterhazy, l'escroc que M. de Schwarzkoppen déclare « capable de tout ».

Il y a Esterhazy qui recevait de M. de Schwarzkoppen pour son « service d'informations » une mensualité de 2,000 francs, qu'il dissipait à Paris en parties fines avec une fille du Moulin-Rouge.

Il y a Esterhazy, l'unique, rien que lui. Il n'y en a pas deux.

La facture du bordereau, depuis les caractères les plus généraux jusqu'aux moindres détails les plus infimes; tout, tout, tout, depuis l'idiotisme scriptural de l'**n** en forme d'**x** jusqu'à l'alternance identique des **t** barrés et des **t** non barrés; tout, depuis la minutie orthographique du point sur le **j** jusqu'aux mêmes vices du style; tout, tout, tout démasque et dénonce Esterhazy. Et jamais culpabilité ne se révéla avec autant d'évidence.

La vérité dite sans haine et sans crainte, la voici :

Il est de toute impossibilité que le bordereau émane de Dreyfus; physiologiquement, Dreyfus n'aurait pu l'écrire et serait incapable d'en tracer un semblable.

Par contre, il est certain que le bordereau n'a pu être conçu que par l'esprit fumeux d'Esterhazy, inspiré par sa pensée criminelle, écrit de sa propre main, guidée par son œil.

Le bordereau est l'œuvre du commandant comte Walsin-Esterhazy; lui seul au monde a pu le concevoir, le tracer et l'écrire. Le traître, c'est lui.

X

LA DATE DU BORDEREAU

Il est de haute importance de rechercher à quel moment le bordereau fut écrit et intercepté. Et cela pour deux raisons : d'abord, pour préciser à quel officier peut s'appliquer la phrase : *Je vais partir en manœuvres*; ensuite, pour établir à quelles sources a dû puiser le scripteur du bordereau.

Dans le dessein de couvrir Esterhazy, trois ans après coup, l'état-major en est arrivé à prétendre que le bordereau est parvenu au bureau des renseignements *vers le 20 septembre 1894* (1). Or, antérieurement à la découverte d'Esterhazy, toujours il avait été reconnu, au Ministère de la guerre, que le bordereau datait d'*avril 1894*. Les derniers mots du bordereau : « Je vais partir en manœuvres », sont inexplicables pour Dreyfus qui, au printemps 1894, n'a pris part à aucune espèce de manœuvres, tandis qu'ils s'appliquent admirablement à Esterhazy qui, après maintes dénégations, dut finir par avouer qu'il avait participé, en *mai 1894*, à des manœuvres de brigade avec cadres. Afin de dérouter l'opinion et de détruire cette preuve contre Esterhazy, l'état-major postposa de cinq mois la date d'interception de la seule pièce du procès Dreyfus. Malheureuse-

(1) Lettre du général Zurlinden, ministre de la guerre, au garde des sceaux.

ment, cette supercherie ne peut résister à l'examen même le plus superficiel.

Tout d'abord, pour donner au bordereau la date de *septembre*, l'état-major, par l'organe du général Gonse, se fonde sur une note relative à Madagascar, que les bureaux de la guerre auraient rédigée au mois d'*août* (1), alors que l'acte d'accusation d'Ormescheville accuse Dreyfus d'avoir pu prendre connaissance d'une autre note rédigée en *février*. Si la pièce incriminée datait réellement de *septembre*, l'acte d'accusation contre Dreyfus aurait fait allusion au projet si important sur Madagascar élaboré *en août*, M. d'Ormescheville aurait omis de se rapporter à la note de *février*. La vérité ne peut s'appuyer sur des témoignages contradictoires et inconciliables. C'est l'affirmation du général Gonse qui est contraire à la vérité, qu'une série de faits confirment.

Le bordereau serait parvenu au ministère à la fin de septembre, vers le 20 septembre 1894!... Et c'est le 9 octobre 1894 que la pièce incriminée et l'écriture de Dreyfus furent remis à l'expert, M. Gobert.

Ainsi, durant la période des vacances, à l'époque de la chasse où la moitié des officiers sont en congé, dans l'espace de dix-huit jours, le département de la guerre aurait terminé son enquête et concentré ses soupçons sur le capitaine Alfred Dreyfus! L'état-major aurait mis dix-huit jours à découvrir Dreyfus, c'est-à-dire X inconnu, alors que l'enquête contre Esterhazy — dont le nom était démasqué, — requit six mois!... L'invraisemblance et l'impossibilité des dires du général Gonse résultent de l'acte d'accusation contre Dreyfus. On y lit, en effet : « L'examen du rapport de M. le commandant du Paty de Clam permet d'établir que c'est *sans aucune précipitation et, surtout, sans viser personne a priori* que l'enquête a été conduite... » Plus loin, M. d'Ormescheville ajoute : « *De l'examen attentif de toutes les écritures de MM. les officiers employés dans les bureaux de l'état-major de l'armée...* » Et nous savons, d'autre part, que le personnel inférieur des bureaux de la guerre fut soumis, lui aussi, aux investigations des enquêtes préliminaires. Or, rien que le cadre des officiers des bureaux de l'état-major général français — sans compter le personnel inférieur, — comprend 184 officiers. Un examen attentif de plus de 184 sortes d'écritures et une enquête délicate et scrupuleuse, conduite sans précipitation, exigent plusieurs mois et non quinze jours. La matérialité des faits oppose donc à l'assertion du général Gonse, un démenti catégorique et absolu.

D'ailleurs, une parenthèse du bordereau renferme un embryon de date. Le traître annonce l'envoi du projet de manuel de tir de l'artillerie de campagne (14 mars 1894). Pourquoi cette parenthèse?... Le traître veut

(1) *Procès Zola.* Compte rendu *in-extenso*, t. II, p. 111.

vanter sa marchandise et tient à faire valoir la rapidité de ses informations. On est en avril 1894, et, à ce moment, il parvient à livrer déjà un document qui date de quelques semaines seulement. Si le traître avait écrit le bordereau en septembre, il aurait omis la date du projet de manuel de tir, car la révéler à cette époque eût été déprécier sa marchandise. En septembre, ce projet avait perdu le mérite de la nouveauté et sa valeur s'en trouvait amoindrie.

A un autre point de vue, la date du bordereau se trouve précisée dans ce passage de l'acte d'accusation d'Ormescheville :

« Il nous paraît impossible que le capitaine Dreyfus n'ait pas eu connaissance des modifications apportées au fonctionnement du commandement des troupes de couverture *au mois d'avril*, le fait ayant eu un caractère confidentiel, mais non absolument secret... »

M. d'Ormescheville ajoute plus loin :

« En ce qui concerne la note sur une modification aux formations de l'artillerie, il doit s'agir de la suppression des pontonniers... Il est inadmissible qu'un officier d'artillerie, ayant été employé au premier bureau de l'état-major de l'armée, ait pu se désintéresser des suites d'une pareille transformation, au point de l'ignorer *quelques semaines avant qu'elle ne devienne officielle.* »

Or, le projet de loi portant modification à l'organisation de l'artillerie et du génie fut présenté à la Chambre par le général Mercier, le samedi 10 mars 1894. Le rapport parlementaire du général Jung, qu'on peut considérer comme l'expression et la quintessence des délibérations de la Commission de l'Armée, fut déposé à la Chambre *le 28 avril 1894.* La loi qui supprime les deux régiments d'artillerie-pontonniers, pour transférer ce service au génie, qui crée deux nouveaux régiments d'artillerie, vingt-huit batteries montées et forme, dans le génie, l'état-major de deux régiments et de deux compagnies de sapeurs-conducteurs, cette loi *date du 29 juin 1894.* (*Journal officiel* du 30 juin 1894.)

En adoptant le mode ordinaire de computation, nous constatons que « *quelques semaines avant le 29 juin* » nous conduisent en *avril-mai*, et non *vers le 20 septembre*, comme l'affirment si témérairement les généraux Gonse, de Pellieux et Zurlinden.

La note du bordereau sur la suppression des pontonniers-artillerie doit même avoir été fabriquée *avant le 28 avril 1894*, car c'est ce jour-là que le général Jung déposa son remarquable rapport qui épuise la question. Ce rapport, inséré aux *Annales de la Chambre des députés*, figure dans les documents parlementaires, t. XLIV, n° 577, pp. 31-33.

L'ensemble de nos observations externes cadre avec le texte même du bordereau. Ce document est nécessairement antérieur de quelques semaines au *29 juin 1894*. Le traître annonce qu'il « va partir aux manœuvres ». Or, il n'y a pas eu de manœuvres en *juin*. Elles ont eu lieu en *mai*. Dreyfus n'a point pris part à des manœuvres au printemps 1894. Esterhazy, au contraire, s'y est rendu le *21 mai* 1894. Les « majors », d'ordinaire, n'assistent pas à ces manœuvres de brigade avec cadres : les chefs de bataillon seuls y participent. Par permission spéciale, Esterhazy y a pris part. Cette « permission spéciale », il a dû la solliciter assez longtemps à l'avance : c'est au lendemain de son obtention qu'il a écrit le bordereau. Les rapports du 74e d'infanterie doivent faire mention de l'autorisation accordée au major Esterhazy. Esterhazy a dû en être avisé au préalable par son colonel à la fin d'*avril*.

Esterhazy s'est chargé lui-même de révéler la date de facture du bordereau. Plusieurs fois, il s'est « coupé » dans son interrogatoire devant le Conseil de guerre. « M. Mathieu Dreyfus, dit-il, prétend que le bordereau fut écrit en mars ou *avril* 1894. » Or, jamais M. Mathieu Dreyfus ne fixa de date. A la même audience du 10 janvier 1898, Esterhazy renouvela, à trois reprises, la date d'*avril* :

« Comment aurais-je pu donner des renseignements en *avril* sur la pièce de 120 (1)? »

« ... Je n'étais pas à même, *en avril*, de fournir des renseignements sur les troupes de couverture... (2). »

Plus loin, le général de Luxer lui parle de la note sur Madagascar Esterhazy répond :

« *En avril 1894!* Je demanderai à tous les officiers si quelqu'un connaissait le plan de Madagascar à cette date... (3). »

Tout le monde, dans le public, ignorait l'époque de la rédaction du bordereau. Les bureaux de l'état-major seuls savaient que cette pièce datait d'*avril* 1894. Esterhazy fut le premier à en faire la révélation publique. Il ne pouvait se tromper et avait ici raison : les notes du bordereau furent sans nul doute rédigées *avant le 28 avril 1894*, attendu que le rapport du général Jung, déposé ce jour-là à la Chambre, fournissait les détails les plus précis et les plus complets sur les modifications apportées à l'organisation de l'artillerie. *Dès le 28 avril 1894*, la question de la réorganisation de l'artillerie et de la suppression des pontonniers-artillerie ne présentait plus aucun caractère secret. Le bordereau est évidemment antérieur à cette date.

---

(1) Yves Guyot, *La revision du procès Dreyfus*, Affaire Esterhazy. Compte rendu sténographique, p. 129, l. 32.

(2) Id., p. 130, l. 5.

(3) Id., p. 130, avant-dernière ligne.

X

UNE SOURCE POSSIBLE DU BORDEREAU

Les défenseurs les plus acharnés de la « chose jugée » croient pouvoir affirmer souverainement la culpabilité de Dreyfus par ces trois considérations : Esterhazy n'aurait jamais été en état de se procurer les renseignements du bordereau ; les notes livrées devraient nécessairement provenir d'un officier de l'état-major général ; en raison de la nature et du caractère de ces notes, le traître ne pourrait être autre que le capitaine Alfred Dreyfus.

Aucune de ces affirmations ne repose sur une base sérieuse. Bien au contraire, le bordereau ne peut émaner ni d'un officier d'artillerie, ni d'un officier d'état-major. De plus, de fortes présomptions permettent de désigner, en dehors des bureaux du ministère, notamment un point de concentration où diverses personnes pouvaient puiser des « renseignements intéressants » sur les points mentionnés dans le bordereau.

Il est bien certain que le scripteur du bordereau est Esterhazy. S'il a écrit le bordereau, ce ne peut être que lui qui a livré les notes qui y sont mentionnées. Loin d'accuser exclusivement le capitaine Dreyfus, la nature même du bordereau l'innocente entièrement. Dreyfus, traître, aurait livré des documents d'un caractère tout différent.

Quand la nouvelle de l'arrestation du capitaine Dreyfus fut connue du public, le gouvernement, dans un communiqué transmis à l'Agence Havas, reconnut, en 1894, que les documents livrés étaient *peu importants*. Trois ans plus tard, quand il s'agit d'innocenter Esterhazy, ces mêmes documents subirent une métamorphose : ils devinrent « de la plus haute importance », « présentant un caractère confidentiel absolu ». La vérité est que les renseignements du bordereau devaient être d'une médiocre valeur. En effet, les documents confidentiels ou secrets sont enfermés dans des armoires spéciales, fermant à clef et possédant en outre une barre de fer munie d'un cadenas à secret. Pour se les procurer, un officier d'état-major devrait être autorisé à pénétrer dans de nombreux bureaux ; il lui faudrait posséder la clef des différentes armoires et connaître le mot des cadenas à secret. Il devrait avoir de multiples complices, attendu que les armoires de documents secrets sont placées dans des bureaux épars, sous la garde de nombreux officiers. Le capitaine Alfred Dreyfus, simple stagiaire d'état-major, attaché au 3e bureau, connaissait le mot de l'armoire placée dans le bureau où il travaillait. Cette armoire renfermait uniquement des documents relatifs aux *manœuvres*. Le capitaine Souriot qui était placé en face de Dreyfus, dans la même chambre, le capitaine Hirschauer et le commandant Mercier-Milon ont témoigné qu'ils n'avaient jamais vu Dreyfus occupé à un travail étranger à son service (1). Donc, pour se procurer des renseignements ou des documents importants, Dreyfus, stagiaire d'état-major, aurait été véritablement contraint de cambrioler les bureaux de l'état-major, en dehors des heures réglementaires. Or, jamais personne n'a rencontré le capitaine Dreyfus dans les bureaux à une heure irrégulière ; jamais on ne l'a aperçu commettre l'ombre d'une indiscrétion, en cherchant à fouiller quelque part ou à prendre quoi que ce soit. Au moment de la fameuse trahison, le capitaine Dreyfus pouvait être très au courant de la question « manœuvres », mais de rien de plus.

L'unique base de l'accusation contre Dreyfus fut la prétendue ressemblance que le colonel Fabre crut reconnaître entre l'écriture du capitaine et celle du bordereau. Pour asseoir son accusation, le rapport d'Ormescheville affirma que le capitaine Dreyfus avait pu entendre telle ou telle conversation entre officiers, avait pu lire peut-être un rapport sur Madagascar, etc., etc. En tous cas, aucune des notes livrées ne rentrait dans le cadre des occupations confiées au capitaine Dreyfus. Donc M. Cavaignac a menti, quand il a prétendu que le caractère des notes du bordereau désignait tout spécialement Dreyfus.

D'autre part, il n'est pas vrai non plus que les bureaux de l'état-major général fussent seuls à posséder, en avril 1894, des renseignements sur les points traités par l'auteur du bordereau. Aucune de ces matières ne présentait de caractère confidentiel absolu, et des personnes étrangères aux bureaux du ministère étaient parfaitement en situation de fournir à Esterhazy la quintessence de ses notes. C'est ce que nous allons démontrer.

Prenons d'abord la *note sur les troupes de couverture.* D'après les généraux de Pellieux et Gonse, le traître aurait livré les secrets les plus précieux de la défense nationale, relatifs au *transport* et à la *concentration* des troupes. D'après M. d'Ormescheville, la note serait relative au *commandement* des troupes de couverture. Les amis d'Esterhazy et l'accusateur de Dreyfus sont donc ici en désaccord absolu sur le caractère même de cette note. Or, les uns et les autres se trompent ; la note livrée à M. de Schwartzkoppen ne vise aucun de ces points. Pour la compréhension de ce qui va suivre, deux mots de parenthèse sont nécessaires. On entend par « troupes de couverture », les troupes placées aux frontières, qui, en cas de déclaration de guerre, sont appelées à se porter aussitôt en avant pour subir le premier choc et protéger la mobilisation générale. Ces troupes particulièrement entraînées sont à effectifs renforcés

(1) Bernard Lazare. *Comment on condamne un innocent.* Stock, 1898, p. 19.

et placées sur pied de guerre. En vertu des lois des 24 juillet 1873, 13 mars 1875, 21 juin 1890, le territoire de la France était divisé en dix-huit régions de corps d'armée, plus le 19e corps en Algérie. Chaque corps d'armée comprend deux divisions d'infanterie, une brigade de cavalerie. Le 6e corps, placé à la frontière de l'Est, se composait, en 1894, de cinq divisions d'infanterie, au lieu de deux, plus quatre divisions de cavalerie indépendante en dehors de la brigade de cavalerie de corps. Aux 15e et 16e corps allemands, dont les quartiers-généraux sont à Metz et Strasbourg, les Français n'avaient à opposer qu'un seul corps d'armée, le 6e corps. Au point de vue du haut commandement des troupes de couverture, l'armée française se trouvait placée sur un pied d'incontestable infériorité vis-à-vis de l'Allemagne. Le bon sens le plus élémentaire indiquait l'absurdité du système consistant à opposer à deux corps allemands un seul corps français trop renforcé, mais peu maniable. Il fallut des années pour s'en apercevoir en France, à l'état-major de la dame voilée. C'est le 22 octobre 1897 que le projet de loi tendant au dédoublement du 6e corps fut déposé à la Chambre des députés ; la loi du 5 décembre 1897 et le décret du 8 février 1898 ont réorganisé le plan des troupes de couverture en divisant l'ancien 6e corps : le 6e corps nouveau, avec quartier-général à Châlons et le 20e corps nouveau, avec quartier-général à Nancy.

Mais, me dira-t-on, quel rapport y a-t-il entre le décret du 8 février 1898 et la note du bordereau sur les troupes de couverture? Eh bien, ce rapport est des plus intimes. Antérieurement à ce décret, la situation du territoire du 6e corps et des troupes qui s'y trouvaient stationnées, offrait une série de défauts et même de dangers sérieux. Toutes ces défectuosités, Esterhazy les signale à M. de Schwartzkoppen. Les éléments de sa note furent puisés non pas à l'état-major général, mais dans une remarquable étude d'un spécialiste, qui allait paraître. Ce novateur préconisa, le premier, quatre ans à l'avance, la réforme du dédoublement du 6e corps, précisément au moment de la fameuse trahison... (1).

L'auteur concluait ainsi :

« Telles sont les *modifications* que nous proposons *d'apporter* dans la situation actuelle du territoire du 6e corps et des troupes qui s'y trouvent stationnées, dans le but d'en simplifier et d'en faciliter le commandement. Ce sont de simples mesures d'ordre ne devant entraîner, comme nous l'avons dit, ni déplacement de troupes, ni surcroît de dépenses (2). »

Esterhazy ou plutôt son informateur, résume la partie de cette étude, signalant les défectuosités de stationnement des troupes de couverture.

---

(1) LE 6e CORPS ET LES TROUPES DE COUVERTURE. *Journal des sciences militaires*, 70e année, t. 54, *mai 1894*, p. 227-235.

(2) *Loc. cit.*, pp. 234-235.

Il borne là sa note, se contentant d'ajouter : « Quelques *modifications* seront *apportées* par le nouveau plan. » Lesquelles?... S'il les avait connues, ne les aurait-il pas livrées?...

L'étude que je signale parut en *mai* 1894; elle était écrite, typographiquement composée et corrigée en *avril* 1894 ; à l'époque de l'envoi du bordereau, elle n'était pas encore livrée à la publicité et devait jouir de l'inviolabilité du secret.

Au même moment, un mois avant le dépôt du rapport du général Jung, la *modification aux formations de l'artillerie* fit l'objet d'un très intéressant mémoire élaboré par un spécialiste. Ce mémoire, encore secret en *avril* 1894, parut en mai 1894 (1). Ne serait-ce point là qu'Esterhazy ou son informateur a puisé les éléments de sa note?...

Quant à la *note sur Madagascar*, elle ne peut avoir aucun caractère militaire sérieux. En effet, c'est le *16* ou le *17 août 1894* que « la participation de l'armée de terre à une expédition à Madagascar a commencé à être agitée (2) ». Comme le bordereau est nécessairement antérieur au vote de la loi sur la suppression des pontonniers (*29 juin 1894*), le traître n'a pu renseigner M. Schwartzkoppen sur ce qui était alors encore inexistant. Le traître n'a point livré non plus le rapport Bernolin sur Madagascar qui traînait dans une antichambre de l'état-major, car ce rapport date de *février*, et le bordereau est d'*avril*. Un espion s'empresse de livrer immédiatement ce qui lui tombe sous la main et n'attend pas plusieurs mois pour faire d'importantes et d'urgentes communications.

La note sur Madagascar, livrée en *avril*, doit être bien plutôt une note soit politique, soit bibliographique, soit de marine. Dans le second trimestre 1894, la question de Madagascar devint un problème à l'ordre du jour au ministère de la marine et parmi les publicistes. Si l'on consulte les répertoires de bibliographie française, on constate que durant l'année 1893 et dans le premier trimestre 1894, aucune publication touchant Madagascar ne vit le jour. Puis, subitement, au début du second trimestre 1894, — au moment de la confection du bordereau, — apparaissent trois travaux importants, intéressant la politique, la colonisation et la marine françaises :

J. Bonnemaison, *Histoire de Madagascar*, îles sous notre protectorat, lacs et fleuves. Tarbes, Lescamela, in-8°, 182 pages, avec carte.

A. Martineau, *Madagascar en 1894*. Étude de politique contemporaine. Paris, Flammarion, in-8°, VII-505 pages, avec carte en couleurs. Prix : 10 francs.

Madagascar (île de). Côtes ouest, nord-ouest et nord-est. Notices hydrogra-

(1) G. L. M. La question des pontonniers et le projet de loi qui les supprime. *Journal des Sciences militaires*, 70e année, t. LIV, *Mai* 1894, pp. 197-226.

(2) Déposition du général de Pellieux. *Procès Zola*, t. II, p. 12. l. 4

phiques n°s 1, 2, 3 (1894). Suppléments n°s 8, 9 et 10 aux instructions n° 682. Paris, Imprimerie Nationale, in-8°, 91 pages.

Ces ouvrages furent imprimés et édités en des endroits différents. On les connut et on les acquit aussitôt au ministère de la marine. La librairie militaire L. Baudoin, qui centralise les fiches renseignant tous les ouvrages relatifs à la marine et aux colonies, posséda, la première, l'indication de ces ouvrages, qui furent mentionnés d'ailleurs dans *la Revue maritime et coloniale*, éditée sous le patronage du ministère de la marine (2e vol. de 1894, t. CXXI, pp. 613, 614).

La *note sur le frein hydraulique du 120* doit être dépourvue de tout intérêt actuel. Le général Gonse, il est vrai, n'est point de cet avis. Son opinion toutefois a peu de poids. Sous-chef de l'état-major général, ne déclara-t-il pas ignorer ce qu'est ce frein? Qu'importe! L'ignorance de ce général ne peut être un élément de preuve de la culpabilité de Dreyfus... Depuis neuf ans, le frein hydraulique est adopté. Il suffit de savoir lire pour s'en convaincre. On en trouvera la preuve dans ce document (1) :

Ministère de la guerre (de France).
Règlement sur le service des bouches à feu
de siège et de place
Approuvé par le ministre de la guerre
le 6 avril 1889.

—

Deuxième partie.

—

Matériel.
2e tirage
Mis à jour le 1er août 1891.

Titre I, art. 1er. — Matériel de 155 long et de 120, n° 236, *frein hydraulique* (pp. 7-34).

Le moindre sous-officier d'artillerie était à même de fournir une note sur le frein hydraulique et le 120.

En vue d'innocenter Esterhazy, au procès Zola, le général de Pellieux n'a pas craint d'affirmer solennellement que « jamais un officier d'infanterie n'a vu tirer la pièce de 120 ».

Dans le cas même où cette assertion eût été conforme à la réalité, il n'en serait aucunement résulté une impossibilité absolue pour un traître, officier d'infanterie, de se procurer une note relative au frein hydraulique du 120. Il pouvait obtenir des renseignements de cette nature soit d'une personne ayant des relations avec la direction du service technique d'artillerie, soit de quelque artilleur; il pouvait aussi avoir lu quelque manuscrit sur ce sujet destiné à une revue militaire.

(1) Règlement imprimé à l'Imprimerie Nationale et édité par la librairie L. Dumaine, L. Baudoin, successeur.

Mais il y a mieux. M. Jean Jullien (1) a démontré tout récemment qu'au moment où le général de Pellieux donnait son étrange assurance, environ **11,628** officiers d'infanterie avaient assisté non pas « de loin », mais de très près, au tir de la pièce de 120. Esterhazy, assurément, était l'un de ceux-là.

En ce qui concerne le *projet de manuel de tir de l'artillerie de campagne (14 mars 1894)*, il est inexact d'attribuer à un document de ce genre un caractère de secret absolu. La limitation du tirage d'un tel document a une double cause : la première est de ne pas vulgariser un *manuel*, susceptible de sérieux changements à la suite de la mise à l'essai. La seconde raison est de contraindre les officiers à étudier sérieusement le projet ; aussi ne remet-on dans chaque régiment qu'un nombre limité : un exemplaire par batterie, plus un ou plusieurs exemplaires pour l'état-major du régiment. Chaque commandant de batterie étudie lui-même ou charge l'un de ses officiers d'étudier les nouvelles méthodes. L'officier détenteur enseigne les modifications proposées aux officiers et aux cadres de la batterie, qui doivent connaître le « projet » pour se rendre au tir. Pendant diverses périodes de tir, les exercices se font suivant les prescriptions du « projet de manuel », mis en pratique. A la fin des exercices à feu, les chefs de corps et les commandants de batterie renvoient leur exemplaire du projet, accompagné de leurs observations et de leurs remarques. La Commission de l'École de tir et la Direction technique de l'artillerie centralisent les avis et les critiques. D'après les résultats de cette mise en pratique, l'on corrige ou l'on adopte définitivement les instructions provisoires. Un « projet de manuel » a donc une valeur très relative, et il n'est guère aussi difficile qu'on le prétend de l'obtenir, car il doit être lithographié ou imprimé à plusieurs centaines d'exemplaires. Quant au « projet de manuel de tir de l'artillerie de campagne » dont le bordereau fait mention, certains régiments en firent tirer à la presse régimentaire un nombre indéterminé d'exemplaires ; on pouvait acquérir ce fameux projet en août 1894 pour la somme de 20 à 25 centimes (2). Il convient au surplus d'observer qu'un « manuel de tir » n'a de réelle valeur que le jour où, définitivement adopté, il sert de base à l'instruction des troupes : alors seulement les armées étrangères peuvent être amenées à modifier éventuellement certains points de leur tactique. Mais ce jour-là le « manuel », tiré à des milliers d'exemplaires, est dans toutes les mains et se trouve dans le commerce. En tous cas, le document livré par Esterhazy avait une valeur fort restreinte.

A propos du « projet de manuel de tir », s'imposent deux observations, qu'on a omis de formuler jusqu'ici.

---

(1) *L'Aurore*, 26 novembre 1898.

(2) Ce dernier point est affirmé par M. Jean Jullien. *L'Aurore*, 26 novembre 1898.

Voici la première : on n'a point découvert l'officier détenteur qui aurait prêté son exemplaire à Esterhazy. Qu'est-ce que cela prouve?

C'est que fort probablement Esterhazy a pris possession soit d'un exemplaire presque immédiatement au sortir des presses, avant la distribution aux corps, soit d'un exemplaire destiné à quelque revue militaire importante. L'erreur du colonel Picquart fut de commencer ses recherches auprès d'un colonel de régiment, — à l'un des multiples points de destination, — au lieu de remonter à la source.

La seconde observation est celle-ci : s'appuyant sur le texte du bordereau, le colonel Picquart, à la demande du général Gonse, a recherché si quelque secrétaire du major Esterhazy n'avait point fait une copie *in extenso* du projet de manuel. L'un des secrétaires d'Esterhazy, le nommé Mulot, reconnut avoir recopié pour son major une série de documents d'artillerie, mais non celui-là. L'état-major a cherché à conclure de cette réponse qu'Esterhazy ne peut être l'auteur du bordereau. La conséquence est hasardée. En effet, il est certain que le « projet de manuel » n'a pas été copié et n'a pu l'être.

Et pourquoi cela? La logique des choses l'indique : Esterhazy envoie à M. de Schwarzkoppen le projet de manuel, qu'il ne peut conserver que *durant quelques jours*. Il offre de le faire copier *in extenso,* etc... Or, le bordereau, la lettre d'envoi ayant été interceptée, il se fit que l'attaché militaire allemand fut dans l'ignorance absolue des intentions de son correspondant. M. de Schwarzkoppen conserva le manuel ou l'expédia à Berlin, croyant pouvoir en disposer souverainement. A l'expiration du délai du prêt, Esterhazy se vit contraint de réclamer précipitamment le document, pour le restituer lui-même au détenteur trop complaisant de qui il le tenait, et n'eut plus vraisemblablement le temps de le faire copier *in extenso*.

*
* *

Ainsi, en avril 1894, Esterhazy livre à M. de Schwartzkoppen un document et quatre notes de renseignements sur des sujets d'ordre tout différent.

La note sur les troupes de couverture concerne le haut commandement; la note sur le frein hydraulique du 120 concerne l'artillerie de siège et de place; la note sur les modifications aux formations de l'artillerie est un point de l'organisation militaire, ressortissant du domaine de l'artillerie et du génie; la note sur Madagascar doit provenir de renseignements du ministère de la marine; le projet de manuel de tir concerne l'artillerie de campagne.

Le bordereau forme donc un tout de grande variété. Jamais une association d'idées aussi diverses n'a pu naître dans un cerveau humain, sans que cette association n'ait eu une cause. La variété des documents livrés ne peut provenir de la fantaisie capricieuse du cerveau encyclopédique d'un Esterhazy. Elle est sans nul doute la résultante de la concentration de ces cinq documents, au même endroit, dans un même moment. L'envoi en avril 1894, de ces cinq documents disparates à M. de Schwartzkoppen doit provenir d'un seul et même coup de filet, accompli à l'endroit où tous ces documents se trouvaient réunis, en avril 1894, par l'effet d'une combinaison du hasard.

Recherchons donc quel pouvait être, en avril 1894, le point de concentration des notes du bordereau.

L'étude des plus sérieuses sur *les troupes de couverture*, puis l'autre étude sur *la question des pontonniers et le projet de loi qui les supprime* se trouvaient sur le marbre de l'imprimerie militaire L. Baudoin, prêtes à paraître dans le numéro de *mai* 1894 du *Journal des sciences militaires*, la plus autorisée des revues militaires de France.

En présence de cette coïncidence, n'y a-t-il point lieu de se demander et de contrôler si ce n'est pas d'après les éléments de ces études qu'Esterhazy a rédigé deux de ses notes de renseignements? En effet, G. L. M., auteur de l'étude sur la « question des pontonniers », l'a discutée, en se plaçant au point de vue « artillerie ». Esterhazy, de même, annonce une note sur « une modification aux formations de l'artillerie » ; s'il avait eu entre les mains les documents officiels, en raison de sa minutie pointilleuse, il aurait libellé sa note suivant le titre exact du projet officiel *portant modification à l'organisation de l'artillerie* ET DU GÉNIE.

D'autre part, le libellé de *la note sur les troupes de couverture* démontre que le rédacteur du bordereau n'appartenait pas à l'état-major de l'armée. S'il avait connu et livré quelque chose d'officiel et de nouveau, il n'aurait pas annoncé l'envoi de sa note, en ajoutant : « *quelques* MODIFICATIONS *y seront* APPORTÉES par le nouveau plan. » Il ignorait donc les éléments du nouveau plan qui, élaboré en avril par le colonel Picquart, devait demeurer définitif. Or, l'auteur de l'article sur *les troupes de couverture*, après avoir soigneusement énuméré les vices et les défectuosités que présente le système de défense de la frontière de l'Est, signale les MODIFICATIONS A Y APPORTER. Esterhazy semble s'être inspiré de cette étude : il indique tous les défauts que présente la cuirasse du 6ᵉ corps d'armée, et, s'abstenant de copier servilement les conclusions de son auteur, il se confine dans le vague de l'ignorance en ajoutant comme post-scriptum : *quelques modifications y seront apportées par le nouveau plan*. L'essentiel eût été de livrer ce plan. Or, le texte même du bordereau prouve qu'Esterhazy n'en connaissait rien.

Il convient dès lors de rechercher si pour plagier les deux études qui allaient paraître et qui émanaient de spécialistes autorisés, Esterhazy ne se trouvait pas en rapports suivis avec quelqu'un de l'imprimerie ou de la librairie. Ou bien il a reçu les bonnes feuilles; ou bien on lui a remis — ce qui est plus probable, — des résumés tout faits.

Le *Journal des sciences militaires* s'édite à la librairie militaire L. Baudoin, 30, rue et passage Dauphine, et s'imprime à l'imprimerie militaire L. Baudoin, 2, rue Christine, à Paris.

Si X***, attaché à l'imprimerie Baudoin, ou en rapports avec cette maison, a pu livrer à Esterhazy une note sur les troupes de couverture et une autre sur la question des pontonniers, mieux que personne, il se trouvait en outre à même de fournir les deux autres notes et le document du bordereau.

En effet, la même maison centralise les renseignements bibliographiques relatifs à la marine et aux colonies. Dans le second trimestre de 1894, on y possédait les fiches relatives aux trois ouvrages qui venaient de paraître sur Madagascar et que devait renseigner la *Revue maritime et coloniale*, revue éditée et imprimée par la maison Baudoin, sous le patronage officiel du Ministère de la marine.

X*** pouvait avoir sous la main la note sur le frein hydraulique et le projet de manuel de tir de l'artillerie de campagne, attendu que tous les documents d'artillerie, même ceux imprimés à l'Imprimerie Nationale, se trouvent en dépôt chez L. Baudoin, éditeur de toutes les publications du service technique d'artillerie.

Enfin, X*** était en état de fournir des renseignements émanant de l'état-major général, d'entendre d'intéressantes conversations, car la librairie L. Baudoin est la maison d'édition et l'imprimerie de l'état-major général de l'armée.

En tous cas, l'amalgame étrange des notes du bordereau correspond à la diversité des publications, des imprimés et des renseignements centralisés à la maison L. Baudoin. Il serait possible qu'il n'y eût là qu'une simple coïncidence, mais encore est-il bon de la signaler dans l'intérêt de la vérité.

Si notre hypothèse, fondée sur des éléments de preuve, est vraiment l'expression de la réalité, il ne s'ensuit aucunement que nous accusions du crime de haute trahison qui que ce soit de l'imprimerie militaire. L'homme d'Esterhazy n'aurait-il pas été une victime bien plus qu'un complice? Un complice eût été un confident dangereux et eût coûté bien cher. Agent inconscient d'Esterhazy, cet homme ne croyait-il pas simplement rendre service à un « brillant » officier de l'armée française, major, riche, généreux et titré, avide de s'instruire et impatient de communiquer à ses camarades de régiment le fruit de ses travaux personnels, en leur donnant des conférences sur toutes les nouveautés militaires? Cet homme peut n'être qu'un malheureux, capable d'indiscrétions qui ne furent ni criminelles, ni périlleuses, et cela d'autant plus que les notes et le document livrés en avril étaient destinés à être très prochainement livrés à la publicité.

On comprend aisément que toute personne ait été sans défiance envers un officier supérieur français, qui jouissait de la confiance de ses chefs et était parvenu, grâce à une rare faculté de dissimulation, à conquérir les notes les plus élogieuses. Le général de Pellieux ne reconnaissait-il pas, lors du procès Zola, qu'un officier détenteur du projet de manuel de tir n'aurait nullement hésité à confier son exemplaire à Esterhazy? Tout autre détenteur devait éprouver moins d'hésitation encore.

Les relations d'Esterhazy avec X*** ont dû se continuer après décembre 1894 : Esterhazy et son homme ignoraient sans doute les causes réelles de la condamnation de Dreyfus. X*** surtout ne pouvait prévoir que Dreyfus eût été condamné pour la livraison des pièces insignifiantes qu'il avait remises à Esterhazy.

Voilà pourquoi et comment les renseignements livrés sont peu importants, « confidentiels » dit M. d'Ormescheville, mais « non secrets ». Voilà pourquoi aussi, ainsi que l'a constaté le colonel Picquart, les « fuites » ont continué après l'envoi de Dreyfus à l'île du Diable. Et tout s'expliquerait alors d'une façon simple, claire et limpide, par l'enchaînement logique de la nature des choses.

Le bordereau forme un tout, connexe, indivisible; et cependant les renseignements livrés sont de nature disparate. L'unité du bordereau résulte de l'indivisibilité d'un coup de filet. Or, nous constatons cette coïncidence importante, à savoir que la variété des sujets annoncés dans le bordereau correspond à la diversité des publications qu'édite la maison L. Baudoin et coïncide avec la réunion fortuite, en avril 1894, de documents, d'études et de renseignements traitant de matières, qui se retrouvent précisément dans le bordereau fabriqué à la même époque; qu'ainsi une même variété se condense dans une même unité.

Esterhazy s'est chargé de confirmer d'avance les résultats hypothétiques de nos recherches. Malgré toute l'habileté de son système de défense concerté avec l'état-major, il a laissé échapper des aveux bien compromettants. Qu'on relise les réponses de son interrogatoire!...

A propos du projet de manuel de tir, il ne proteste pas comme Dreyfus; il ne déclare pas qu'il lui a été impossible de posséder un tel document. Il se borne à dire : « Quand j'ai vu le bordereau, j'ai cru que j'avais pu avoir ce document; mais, en réalité, je ne l'ai pas eu. »

Puis, payant d'audace, avec la sûreté du criminel qui peut compter sur l'aveuglement de ses juges, Esterhazy interrompt l'ordre des questions du général de Luxer : « ... Auparavant, je voudrais ajouter quelque chose pour le manuel. Si cette pièce était confidentielle, il a fallu que quelqu'un autre qu'un lieutenant me l'ait procurée. Pour prouver que j'ai reçu ce manuel, il faut trouver celui qui me l'aurait donné. »

Il avoue donc qu'il a pu se procurer ce document, que cela ne lui a pas été impossible, mais qu'aucun officier détenteur ne le lui a remis. Et il doit dire vrai.

Interrogé sur les notes relatives à la nouvelle formation de l'artillerie et au frein hydraulique, Esterhazy laisse échapper à deux reprises une parole d'aspect insignifiant, lumineuse pour la cause : « Des renseignements comme ceux-là, mais on les trouve dans *toutes les librairies militaires*, à 1 fr. 75. »

Un autre terrible aveu qui lui échappe enfin, est celui relatif à la date du bordereau, que tout le monde ignorait. Il fixe lui-même cette date à *avril* 1894. Et cette date est vraie.

Qu'on rapproche toutes ces données fournies par Esterhazy lui-même et l'on aura peut-être l'embryon de la vérité, dissimulé sous un amoncellement de mensonges impudents. Ce n'est pas le rapport du général Jung qu'il a consulté... Ce n'est pas un officier détenteur qui lui a remis le projet de manuel de tir de l'artillerie de campagne... Les mots « Librairie Militaire » lui trottaient en tête. Il les laisse échapper. La date du bordereau « avril 1894 », lui trottait en tête. Il la laisse échapper. Il dit vrai.

C'est, en effet, en avril 1894, que se trouvaient condensées sur le marbre de l'imprimerie militaire les études sur les troupes de couverture et sur la suppression des pontonniers qui allaient paraître dans la livraison de mai du *Journal des sciences militaires*. Et c'est à ce moment-là qu'Esterhazy a pu être mis en possession des autres renseignements par l'intermédiaire de quelqu'un qui, sans être officier, se trouvait placé à un point de concentration de renseignements militaires intéressants, au centre d'une véritable encyclopédie de guerre et de marine.

Esterhazy a prétendu que des renseignements comme ceux du bordereau pouvaient s'obtenir dans toutes les librairies militaires. Il a eu tort de généraliser. Un seule maison imprime et édite les publications du service technique d'artillerie, de l'état-major général de l'armée, du Ministère de la marine et la plupart des nouveautés militaires. Et cette même maison possédait, en avril 1894, des renseignements inédits sur les troupes de couverture et la question des pontonniers.

Le procédé d'Esterhazy devait être simple, mais d'une rare habileté, conforme à ses agissements habituels : c'était de l'escroquerie en partie double. D'une part, il sollicitait des renseignements, en faisant montre de zèle et dévouement. Il était à l'affût de toutes les nouveautés, guettait toutes les primeurs, cherchait à se mettre au courant de toutes les innovations, sous le prétexte sournois d'en instruire ses camarades de régiment par des conférences. Les notes et les résumés qu'on lui remettait faisaient de lui l'un des officiers les mieux informés et paraissant des plus instruits, et il n'est pas étonnant que ses généraux l'aient loué pour l'étendue et la variété de ses connaissances. Aussitôt en possession de ses « notes », il s'empressait de les brocanter et de les livrer à l'attaché militaire allemand. Il trompait Schwarzkoppen, comme il trompait X***, son pourvoyeur. De même qu'il a escroqué Christian Esterhazy, son cousin, en l'alléchant par l'appât de ses prétendus liens d'amitié avec le baron Edmond de Rothschild, de même il a dû « rouler » Schwarzkoppen, en faisant miroiter à ses yeux ses pseudo-relations intimes avec l'état-major général, avec la direction de l'artillerie, le Ministère de la marine et les plus hautes personnalités militaires. En réalité, — cela est plus que probable, — son informateur habituel est un modeste employé, placé à un confluent de renseignements, qui eut le tort grave de se montrer trop ouvert et trop confiant. Esterhazy avait bien soin d'empocher pour lui la grosse mensualité de deux mille francs que lui payait l'Allemagne : cela lui servait à payer ses frais de débauche et ses différences de bourse. Et Schwarzkoppen, dans sa présomptueuse et crédule naïveté, s'imaginait que son uhlan corrompait sans doute quelqu'officier de l'état-major général et partageait la prébende avec Henry ou du Paty ou quelqu'autre Chanoine.

Quant au colonel Henry, il est peu admissible qu'il ait été l'informateur et le complice d'Esterhazy. Henry, traître, eût trahi directement pour son compte, avec beaucoup plus de facilité, beaucoup moins de risques et beaucoup plus d'avantages qu'en tripotant de compte à demi avec un Esterhazy, officier de troupe à Rouen. Et puis, Henry, sous-chef, plus tard chef du bureau des renseignements, capable de désorganiser tout le service d'espionnage de l'armée française, aurait exigé et obtenu de l'Allemagne des sommes bien supérieures à la mensualité payée à Esterhazy. Enfin, le fait qu'il existe des traces — des reçus — de prêts effectués à Henry par Esterhazy, suffirait presque à exclure les plus sérieuses présomptions de concert criminel entre ces deux hommes. Il est bien plus probable qu'Esterhazy a cherché à compromettre Henry, en se l'enchaînant par les liens de l'intérêt, et cela afin de pouvoir « travailler » à l'aise et de s'assurer une ligne de retraite, c'est-à-dire l'impunité. Il y est d'ailleurs parvenu.

Henry a commis le faux de 1896, d'abord pour consolider l'œuvre collective du second bureau, puis par haine du colonel Picquart pour s'emparer de sa place, ensuite pour éviter qu'Esterhazy poursuivi ne le compromît et ne le fît suspecter de complicité, en révélant les relations d'argent qui existaient entre eux.

Il est au contraire presque certain qu'Esterhazy, auteur du bordereau, a entretenu des rapports suivis, constants et continus avec un homme placé à un centre de « renseignements intéressants ». Si l'on considère la nature des notes du bordereau, la source des informations d'Esterhazy devait être non pas les bureaux de l'état-major, mais un point central vers lequel convergeaient des études, travaux, documents et renseignements intéressant la marine, le service technique d'artillerie, l'état-major général, et où affluaient en même temps une foule de manuscrits d'actualité militaire, ainsi que la plupart des publications militaires nouvelles que les auteurs envoyaient pour compte rendu à certains organes de science militaire.

Esterhazy, d'ailleurs, s'est défendu avec énergie d'avoir réellement trahi la France. Prévoyant même qu'on finirait par démasquer ses supercheries, n'a-t-il pas essayé de parer le coup, en caractérisant lui-même la nature de ses propres actes. Peu avant la dénonciation de M. Mathieu Dreyfus, dans un article inspiré par le uhlan, un journal innommable n'annonçait-il pas que « le syndicat chercherait à établir qu'il n'y avait pas eu de vraie trahison, mais une simple escroquerie »? Esterhazy nous paraît, en effet, avoir fort bien qualifié ses procédés et ses actes.

Ce que j'ai tenu à démontrer, c'est qu'à l'époque de la fameuse trahison, certaines personnes étrangères aux bureaux du ministère se trouvaient mieux à même qu'un stagiaire d'état-major de connaître et de fournir des renseignements sur les sujets traités par l'auteur du bordereau.

Si c'est là réellement qu'Esterhazy a trouvé le moyen de jeter ses filets, on doit alors convenir de son extraordinaire habileté, car il est un remarquable stratège de l'espionnage, celui qui a trouvé un aussi merveilleux point de concentration. Esterhazy le uhlan, inventeur de ce camp retranché d'informations jusqu'ici inexpugnable, nous apparaît dans ce cas comme l'auteur de la plus vaste filouterie militaire du siècle. A l'origine, la question du bordereau fut d'une simplicité élémentaire; dans la suite, l'incommensurable bêtise des instructeurs, la duplicité et la fourberie de certains chefs, la surexcitation des passions religieuses, une odieuse campagne de presse et la création d'une atmosphère ambiante de préjugés et de haines eurent pour effet de pervertir l'esprit des juges du conseil de guerre de 1894. Ainsi fut consommée l'erreur qui sacrifia le capitaine Dreyfus innocent, et couvrit Esterhazy coupable. Si l'on pouvait un seul instant faire abstraction des machinations odieuses dont Esterhazy s'est sali pour se sauver en 1896 et pour maintenir au bagne sa propre victime; si l'on pouvait oublier un moment ses manœuvres criminelles destinées à compromettre le noble et loyal colonel Picquart, la trahison du uhlan serait peu faite pour inquiéter la France. Le bordereau inepte et stupide fait cependant frémir, quand on songe au malheureux qui a subi durant quatre années dans la solitude de l'île du Diable les tortures morales les plus atroces et qui a presque payé de sa vie la fourberie d'un infernal gredin. La France libérale et généreuse, un moment égarée, aujourd'hui désabusée, arrachera bientôt de ses annales militaires et judiciaires la triste page souillée enregistrant de quelle honteuse et néfaste protection un état-major de cyniques et d'inconscients, visant à l'infaillibilité, a couvert le uhlan Esterhazy, ce « Vauban de l'escroquerie », en qui les Henry et les du Paty avaient reconnu leur maître.

TABLE DES MATIÈRES

I
LE BORDEREAU

Sans nouvelles m'indiquant que vous
désirez me voir, je vous adresse cependant
Monsieur quelques renseignements intéressants
1° une note sur le frein hydraulique
du 120 et la manière dont s'est conduite
cette pièce.
2° une note sur les troupes de couverture.
(quelques modifications seront apportées par
le nouveau plan).
3° une note sur une modification aux
formations de l'artillerie.
4° une note relative à Madagascar.
5° le projet de manuel de tir de
l'artillerie de campagne (14 mars 1894)
Ce dernier document est extrêmement
difficile à se procurer et je ne puis
l'avoir à ma disposition que très peu
de jours. Le ministère de la guerre
en a envoyé un nombre fixe dans
les corps et ces corps en sont responsables.
chaque officier détenteur doit
remettre le sien après les manœuvres.
Si donc vous voulez y prendre ce
qui vous intéresse et le tenir
à ma disposition après, je le
prendrai. A moins que vous ne
vouliez que je le fasse copier
in extenso et ne vous en adresse
la copie.

II

ÉCRITURE DU CAPITAINE ALFRED DREYFUS

Ne varietur
Crépieux-Jamin

Mon cher Paul,

Un de mes amis, le commandant de Rosière, désire passer deux mois à Londres dans une famille pour se perfectionner dans la connaissance de la langue anglaise.

Voudrais-tu être assez aimable pour faire insérer l'annonce suivante que tu traduiras au préalable en anglais

« Gentleman français voulant apprendre l'anglais, désire passer deux mois ~~das~~ à Londres dans famille honorable. Adresser conditions détaillées à de ~~Rozière~~ Rosière, 16 bis avenue La Mothe-Picquet, Paris »

Penses-tu qu'on répondra à Paris ? Si oui fais de suite insérer l'annonce

et des mois que tu auras déboursés
Tout le monde va bien ici,
dans une dizaine de jours nous
pensons nous transporter dans
notre nouveau local, 6 avenue du
Trocadéro
Je t'embrasse
Ton dévoué
Alfred
Lucie me charge de t'embrasser.

21 mai 2

III

ÉCRITURE DU COMTE WALSIN-ESTERHAZY

Monsieur,

Si vous avez à m'écrire je suis pour 6 jours
jusqu'au 27 à midi au Mans je vous envoie
ci-dessus mon adresse. Où en est l'affaire de la
Londonderry? Si la banque baisse encore un peu je
crois que l'on peut commencer, c'est à maintenant vendre
à vendre 100 st. 10 et acheter 200 st. 5 fin juillet

Recevez l'assurance de mes sentiments
distingués

Cte Esterhazy

Chef de bataillon au 74e d'Infie
aux écoles à feu de la 3e brigade
d'artillerie

Hôtel de France

Le Mans

Sarthe

OUVRAGES DU MÊME AUTEUR

L'exercice de la profession d'avocat en Italie. Bruxelles, Larcier, 1887.

Histoire du Collège flamand Jacobs à Bologne. 1888.

Le Japon judiciaire. 1889.

La crémation des morts.
Principes de la réglementation et objections médico-légales. Bruxelles, Larcier, 1889.

Le vote plural ou le suffrage universel proportionnel. Bruxelles, Larcier, 1891.
Réforme réalisée par la Constituante belge en 1894.

La question de l'alcool et les distilleries agricoles en Belgique. Bruxelles, 1896.

OUVRAGES FÉMINISTES

L'admission des femmes dans les facultés belges. 1889.

La femme-avocat. Bruxelles, Larcier. 1888. Premier mémoire épuisé.

Essai sur la condition politique de la femme. Paris, Rousseau, 1892. Vol. de 620 p.
Ouvrage couronné par la Faculté de droit de Paris (Concours Rossi, 1891).

La femme dans les emplois publics. Bruxelles, Rosez, 1893.

Les femmes et l'enseignement supérieur. Bruxelles, 1893.

M. W. E. Gladstone et le féminisme. 1893.

Le grand catéchisme de la femme. Bibliothèque Gilon, 1894.
Traductions italienne, néerlandaise, anglaise, allemande, danoise, finlandaise.

University Opportunities for women. New-York, Holt and C°, 1894.

La femme contre l'alcool. Vol. de 273 p. Paris, Carré et Naud, 1897.

La femme-avocat.
Mémoire présenté à la Cour de Paris pour la défense des droits de Mlle Chauvin. Paris, Giard et Brière, 1897. Vol. de 316 p.
Traduction américaine par Mary A. Greene, du barreau de Providence (Rhode Island).
Traduction espagnole par Angel Ossorio y Gallardo, avocat au barreau de Madrid.

POUR PARAITRE PROCHAINEMENT

L'éducation domestique des filles.

La coéducation des sexes.

LÉGISLATION FÉMINISTE

Travaux préparatoires

DROIT CIVIL : PROPOSITIONS DE LOIS

Le témoignage de la femme (paru en juillet 1896).

L'épargne de la femme mariée (paru en avril 1896).

Les salaires de la famille ouvrière (paru en avril 1896).

Les droits de famille de la femme.

Les enfants naturels.

Histoire. — Statistique. — Législation comparée. — Leur condition. — La recherche de la paternité. — Adoption. — Légitimation. — Droits successoraux.

(Thèse présentée devant la Faculté de droit de Bologne, le 7 juillet 1887 et reçue *maximâ cum laude*).

Ouvrage remanié et augmenté.

Mariage et divorce en droit féministe.

Le contrat de mariage et le régime légal quant aux biens.

Les droits successoraux du conjoint survivant.

L'autorité parentale et les lois protectrices de l'enfance.

LÉGISLATION SOCIALE : PROPOSITIONS DE LOIS

La charte des ouvrières.

Code des principes de la loi internationale du travail des femmes présenté au Congrès féministe international, tenu à Bruxelles (4-7 août 1897).

Assises.

L'assurance maternelle (paru en septembre 1897).

Les inspectrices du travail.

L'électorat professionnel des femmes.

Le travail des femmes au XXe siècle.

Histoire. — Statistique. — Législation comparée.

DROIT PUBLIC

Les droits politiques de la femme.

www.ingramcontent.com/pod-product-compliance
Ingram Content Group UK Ltd.
Pitfield, Milton Keynes, MK11 3LW, UK
UKHW020351230726
13925UKWH00003B/1075